學生

林明進——著

目次

推薦序

學生之機

蕭蕭（作家、明道大學中文系教授）

「究天人之際，通古今之變，成一家之言」，鏗鏗鏘鏘三句話，綜合了哲學家、史學家、文學家的雄心大志。這是我在輔大中文系讀書時，刻刻縈繞在耳邊，畢業半世紀，時時迴旋在心頭的三句話。

錚錚鐵骨，豪情萬丈，略歷風霜，尚未古邁的我的學弟林明進，年近耳順之年才開始筆順，以教人家「創意與整合」、「理解與分析」寫作法的那枝筆，開始分析、理解自己三十四年的教學生涯，開始整合自己六十年的文化創意，出版屬於他自己的文學心靈的著作《學生》，我相信他心頭迴旋的也會是這三句話，因為我在快讀這本《學生》時，不時從書中縈繞而出，在我心頭震盪的就是這三句話。

教書，不同於其他行業，一個當教師的人不會將「教書」當作自己的職業，只把朝七晚五當作自己活躍的時間、教室校園當作自己展演的舞台，僅僅教「書」。

一個真正的老師是學到老、活到老，活到老、教到老，「教書」是一生的志業，因為他在教學生「學生」，教人家也教自己學習活下去、活出自己，活下來、活出自在。沒錯，將像林明進說的學「生」，教人家也教自己學「生」。「生」，形象草木出土，必要生機盎然，必要生生不息，絕不氣餒，絕不委頓，這不就是一輩子的事，一輩子的職責，一輩子的志業！

一輩子都要學習「陌生的知識」、「生存的能力」，認知「生活的趣味」、「生命的價值」，獲得「求生的韌力」，擔負起「生生不息的使命」！

《學生》這本書，不是一位建中現役老師的回憶錄，只在回憶建中三十年的點點滴滴，而是一位活在自己生命現場的學「生」之徒，鼓舞自己，勵志他人的見習錄。凡是自覺走在自己生命路上的人，都該以林明進的學「生」體驗，活出自己的精采。悲觀的人遇不到溫馨，很可能把紅塵俗世看作荒郊曠野，這時，不妨將《學生》當作野外求生的書，將會重新獲得生之意志；樂觀的人隨處看到希望，《學生》當然是人間學「生」之書，多番閱讀，將會樂趣橫生。

以教學生「學生」為一輩子志業的人，沉潛六十年，才能寫出《學生》這樣一本充滿生機的文集，才能將老師教我們的「究天人之際，通古今之變，成一家之言」化為實際的行動，這三句話當然時時迴旋在字裡行間，時時在我們學「生」的過程中激勵我們。

一般的散文，普通的散文，不會在文後又增添一兩段話節外生枝，但林明進的《學生》，常常在兩三千字的文章之後，跳出來加入一節「一叟小語」，繼續已經結束的話題，這是「建中一叟」的「雄心」之下隱藏的「婆心」，效法的應該是司馬遷《史記》裡的〈太史公言〉，或許也可以做為「究天人之際，通古今之變，成一家之言」常在我們心中縈迴的旁證，學「生」是一輩子志業的重要依據。

林明進這些文章不在實體的報紙雜誌上發表，而是在facebook上刊布，畏懼facebook的人將它音譯為「非死不可」，林明進積極的音譯為「非思不可」，書中的每一篇文章不知多少人按「讚」，只知道轉貼分享的次數，往往一篇就有六、七千次之多。是的，學「生」之機，不可或失，轉貼的人也在積累他的功德，「非思不可」，「非生不可」，我們何不緊緊掌握自己的生機，隨著林明進學「生」。

二〇一三年十二月　寫於明道大學開悟大樓

推薦序

傳道的日常

丁威仁（詩人、國立新竹教育大學中國語文學系專任副教授兼通識中心主任）

序言的開始，是我追尋存在價值的書寫歷程。

初識明進老師，是在三年前的全國語文競賽作文評審的會場，但在此之前，自己仍在就學讀書之時，就早已聽聞明進老師的大名。對於年輕時的自己，明進老師所撰寫的書，一直都是學習寫作路上的指引，沒想到可望而不可即的對象，竟然那日就站在我的面前，與我交換名片，此後數度在各地作文比賽的評審場合，與明進老師相見。如果只是這樣的一層因緣，那麼我當然就只是一個小書迷，一個被明進老師的書所影響的後學而已。

但我卻視明進老師為知音，甚且為忘年之交，透過的便是臉書這個跨越時空的工具，我讀老師的文，老師讀我的詩，然後在每一次不期而遇中，老師總是緊緊握著我的手，跟我分享他讀我詩作的感受，那熱情且活躍的生命風采，每次都讓我想回到自己的青春時代。若人生真能重啟，我想我會在那個準備高中聯考的A段班生活中，更加努力，去成為明進老師的學生。

我總認為傳道授業解惑當中，授業是較為容易完成的事，只要老師繼續精進自己的學養，不斷調整自己的上課方式，與時並進，自然就能做到。然而，在自己開始教書這幾年來，才發現授業不易，更別談到解惑與更高標準的傳道，現時學生之惑，不再是對於知識的疑惑與不懂，往往是對於人生的迷惑，或者對於未來的困惑。當我們身為老師對於自身的生命價值也都有一些惑必須要解決時，我們又如何能擔負解惑的責任呢？我真的是汗顏的。

在明進老師這本書中，我們看到他擷取了授業生命的一些片段，透過一些學生的成長故事，以及師生之間的互動，讓我們看到身為教師所授之業，並不是知識的傳遞而已，還有很多是存在價值的相互給予。老師所付出的便在於以燃燒的生命，感召學生堅定自身的人生信念，也在陪伴學生成長的過程中，與學生一起走過現實的遺憾與苦悶的生活，所解之惑，不僅是學生青春之惑，也是一種對於自我的反省。

什麼是師道，一直都是我想理解的，也是我在這個數位世界裡所困惑的，我們身為教師該怎麼面對一群全新世代的孩子。我更困惑的是，明進老師歷經數十年的講台生涯，應該更能感受到時代的嬗變，要如何還能保有不變的熱情與堅持？在這本書的每一則敘事裡，我好像慢慢找到了答案，我們看見了明進老師在講台上幾十年不變的熱血、鐵骨與真情，也讀到了講台下學生的掙扎、矛盾、選擇以及才情，明進老師回憶過去，卻寫實出一段段師生相契的時空，有著離合悲歡，以及喜怒哀樂。

明進老師的生命歷程這就是傳道的歷程，我讀了這本書，才突然有一點理解身為老師所要傳的道是什麼，那不是我們在課堂上戴著面具，講一些連自己都不一定遵守或信服的大道理，也不是用某種標準諄諄教誨自己學生的道德話語，更不是教導學生追求名利地位的方法。原來，道就在平常日用當中，不是說教，也並非自我的標榜，而是透過與學生的互動中，讓他們從生命裡自然成長出屬於自己的人生價值，一種對於生命與存在的責任，這並不是大道理，而是一種活著的方式，如何能夠活得問心無愧，如何能夠活出平凡的幸福，或者活出屬於自己的非凡典型，這就是這本書要傳達給我們讀者的道，一個在生活裡能夠實踐的自我價值。

曾經與明進老師在苗栗文狀元的比賽一同參與評審，猶記老師的手溫，是那麼的敦實堅毅，就像這本書給我的閱讀感受，我並沒有要一一舉例其中的篇章，那是因為裡面每一篇不同的生命紀事，都是明進老師用自己幾十年對於講台的熱情構築的，讀者只有一篇一篇仔細地進入那個時空，陪著篇章裡的人事物一同感動，你將會發現，也會想起你生命當中曾經有過的那段青春，以及伴著你走過青春的老師。如果你是學生，更應該讀完此書，太多你尚未完成的生命歷練，以及你現在正在經歷的求學歷程，都在明進老師的記錄當中，帶著你一起成長。那一日我評完文狀元比賽後，回去就寫了一首詩，傳達我對明進老師的感動，其中有幾句：

與豪邁的您合照
笑聲裡，聽見文化的
風鈴，從遼闊的
生命裡響起
原來我們都在經歷
一段堅毅
的敘述

相信這幾句就能夠素描我眼中的明進老師，如果你曾是他的學生，相信讀完這本書會喚起你想再見明進老師一面的衝動。如果你讀過明進老師過去寫的書籍，那麼你絕對不能錯過這一本撼動生命的好書。如果你是一個生命正在彷徨卻需要老師指引的孩子，這本書就是你的光束。如果你是一個路過書店剛好拿起這本書的路人甲，請你在讀完這篇序以後，以直覺翻開其中一篇，耐心讀完，你會發現自己的生活在忙碌與消耗中，早已遠離了這樣動人的生命樂章，你會想找回心跳的躍動。讀一本書，同時獲得向上的力量；如果這本書是一位紙上的老師，那我願意在字裡行間做為一個謙卑的學生，重新學習那些曾經有過的師生共振。

謝謝您，給我機會寫序。閱讀您的新作，我在其中找到了繼續前行的動力，以及身為老師的價值與意義。

推薦序

氣度——《學生》前言

凌性傑（作家、建國中學老師）

做為後生晚輩，其實我沒有資格為林明進老師寫序，只能獻上這篇「前言」，表達最深摯的感謝與祝福。

或許先要感謝臉書，重組了我們的日常生活與人際關係。這些年來，跟明進老師坐在同一間辦公室，我始終覺得他是一位謎樣的男人。讀他的寫作教學叢書，助長了我作文教學的信心。與他相處，聽他談笑，特別是那些高級的笑話，讓辦公室生活增添慫多情趣。一直要到加了他的臉書之後，才逐步發覺他的心裡很有戲。表面上談笑風生，或許暗藏了滄桑慨嘆。幽默滑稽之中，涵容了歷練與智慧。讀著他每天晚上貼上臉書的文章，變成我睡前最大的享受。他沒有貼文的那些夜裡，很多人恐怕都要失眠了。

即便林明進老師在網路上謙稱自己是「建中一叟」，我卻覺得這位阿伯真是不簡單。他按時寫作發文，展現了強勁且持久的創作力，從未辜負讀者的期待。就是這股氣勢，使得無數網友按讚回應。他的文章充滿雄健剛直之氣，是現代華文散文中所少見的，同時也推擴出一片散文創作的新天地，令人耳目清新。我與幾個同事輪番慫恿他整理臉書文章出書，原因無他——這個時代需要這樣的聲音。他卻總說那些都是遊戲文章，把一些往事說出來而已。然而我以為，那不就是最真實的生命教育嗎？

站在講台上三十多年，他深深明白，生命本身就是一項最珍貴的教育。如他所說：「這本書是校園人生的記錄，一幕一幕的故事都是教學生涯悲歡世界的點點滴滴。」正因為每一個故事都是真實的生活片段，文章寫來才能那麼動人。他讓我們知道，在教育現場、在生命現場，經驗的分享與傳承是何等重要。林明進老師的散文每一篇都「很有事」，人與事交織成屬於他自己的生命奇景。已經消逝的年代，已經遠去的那些人，在明進老師的散文裡一一歸隊。他透過生命故事的敘說，進一步探問生命的意義與價值。這本《學生》，因此有生生不息的動能，連結了語文學習的實用與理想。林明進老師以他的散文揭示寫作的正道大法，對讀者來說，這是實用的。其中生命智慧的提點、人文化成的追求，則是語文教育最高的理想。

「中文好行」書系裡，有美麗的文字風景，也有迷人的意義路標。書系裡的每一本書，可以用作自主學習，也可以做為共同學習討論的讀本。背後則隱藏著一個更大的心願：希望促進親子共讀，邀請家長們一起參與青少年的學習。同時也希望，這一套簡要易懂的國民讀本，可以讓久別校園的社會人士重溫讀書之樂。讀書的快樂、理解的快樂，將會陪伴著自己面對生活中的煩悶無聊，找到一個美好的意義出口。

擁有學習動能的生命，不會枯竭無趣。透過不斷學習讓生活變得更有趣味，也是我們現代人的重要課題。

《學生》在「中文好行」書系出版，使我們更貼近閱讀理解的意義。我們讀書學習，無非是要成為一個更好的人，創造出更好的生活。當年夏丏尊、葉聖陶合寫《文心》，以簡單的故事結構帶出教育的重點，他們認為「最終的目的還在於整個生活的改進」。林明進老師一如夏丏尊、葉聖陶，是教育家，也是文學家，他的書寫再度證明了文心不滅。感謝明進老師，讓那尊貴的文心，成為這個世紀華文創作的美好起點。

讀書與做人，不能少了氣度。《學生》裡說得真好：「心要學習開闊，一輩子才有包容萬方的氣度。」「沒有人在乎你是贏在起點，還是輸在終點。可以輸給別人分數、成績、名次，不能輸掉自信、靈魂與尊貴，能日趨上達，才算贏了自己。」感謝這本《學生》，為教育現場帶來源頭活水。我們確實需要這樣真誠惻怛的聲音。

自序

梅雪真精神

學生，學生。學「生」，是我們一生為人的學「生」之路。生，是活的意思。象徵草木出土而生，寓有生生不已之意。

講台上寫黑板說人生的教書先生，大家尊稱為老師。講台下轉筆桿尋人生的那一群人，我們統稱作學生。在台上當老師，剛開始是一種煎熬，最後是一種昇華。草色山光，只賸一幅殘照，誰怕！駐守校園，一直醞釀絕品。

在台下當學生，剛開始是一種幸福，最後是一種釋放。
青青校樹，只有蒸蒸日上，怕啥！走出校門，不斷脫胎換骨。

不是每一個人都當過老師，教書的歲月，並不好玩。
但是每一個人都做過學生，學生的生涯，總很難忘。
學生和老師一樣，都是個名詞，一受一授，聽舞雩春風騰聲。
老師和學生一起，都蝸居黌舍，台上台下，看白筆黑板遊走。

學「生」學「生」，學生到學校來學什麼？要學「陌生」的知識。
學「生」學「生」，學生到學校要學什麼？要學「生存」的能力。
學「生」學「生」，學生到學校要學什麼？要學「生活」的趣味。
學「生」學「生」，學生到學校要學什麼？要學「生命」的價值。
學「生」學「生」，學生到學校要學什麼？要學「求生」的韌力。
學「生」學「生」，學生終極要學什麼？學「生生不息」的使命。

我雖僻居鄙遠，三星國小，承良師黃淑媛先生、王耀昇先生與何留吾先生用心霑溉，語文初聲清啼，是小學師生的縮影。三星國中，喜得嚴師馬聯珠先生鐸韻化育，沃養古文詩詞。國立羅高林長吉先生、陳煥輝先生與王光儀先生先後照拂，醍醐灌頂，開我慧心。輔大中文系師長，動我襟懷，沉潛養識，啜飲墨香。師大國文所，鴻學碩儒，一一典範。天德黌舍三十載，以夏學奧質，尋拯世真文；奉元書院四書五經，華夏慧智，出古入今。故師愛新覺羅・毓鋆，古老經典鮮活靈妙。沒忘過，我學生生涯一直遇到「良師」；沒停過，一叟畢生始終是個「學生」。

老祖宗的慧心肩於我心，炎黃文化的脈血靈於我血。我瞻我師，後凋松有常青色；我師教我，傲世梅無仰面花。遊師門，如憑虛御風；聞師訓，似江河滾滾。骨氣一味松柏質，我不愧於父親的遠志；學行兩帖聖賢心，我無負乎恩師的晚節。

我一直以「學生」自許，一叟還不到下台一鞠躬的田地，教書匠我還要高調地晚鳴，學「生」學「生」，廁列紅樓殘隅，一鳴天下，清清亮亮。

木鐸初聲，我走上從小熱愛的講台。黑板白筆，從塗鴉到啟蒙，我明白看到自己清明的抉擇。講台人生，從台下到台上，我清楚確信自己英睿的陶然。紅樓歲月，英才如林，寫不完的駝客才情，說不盡的駝客故事，我陶醉在矍鑠的赫赫黌宇。紅樓養我半輩子，建中給我一條江，一叟要一滴一滴地雨化大漠。這算是老驥伏櫪的老骨氣，也算是雞鳴風雨的老骨力，這更是清香如故的老梅心。

從學生到老師，從台下到台上，我教別人學「生」，也以學「生」自勵。希望透過老生常談的堅毅，給為人父母一點教誨的價值思考，給莘莘學子一點學習的理想底蘊，也給擘畫教育的袞袞諸公一點「蒙以養正，聖功也」的撞擊。上下五千年老生所以常談而不輟者，何以故？真理也。從人性出發的真理只有一個，一叟選取數十篇小品，結集成書，希望從學「生」的角度，藉卑微之名，從小處微處，給這個社會發一點光，給人倫點一把良知的火，一把反身而誠的火。

這本書以校園人生的記錄為主，一幕一幕的故事都是教學生涯悲歡世界的點點滴滴。每一個故事都是真實的生活片段，我們不只是希望您閱讀這些發生在我身邊的故事，然後嫣然一笑，或者熱淚盈眶，最後就合起書皮，船過水無痕了。身為一位老老的教書匠，在日薄崦嵫的黃昏歲月，很期待因本書而衍生出生命深沉的思考，能產生一點漣漪的可能。讓青春讀者或曾經青春的讀者，能在一般「學生」的可憐責任區塊之外，從生活—生存—生命等人生價值的層次破繭而出，追尋平凡的幸福到非凡的典型，做一位有道德、有智慧、有人品、有責任、有修為、有肩膀的人。

本書文字粗淡無奇，筆力老澀，假一甲子的風霜，憑藉一點膽氣，只想讓您在學生的歲月中有機會問一問自己，只想讓您在追求明星、成績、第一志願的教室生涯中悟出道理來。深者見其深，淺者見其淺，深淺不在高低優劣好壞。只想能讓您有機會「由生命情調想一想」、「從自我價值思考思考」、「從人我之間探討探討」、「從師生倫理研究研究」、「從家庭責任社會責任深究深究」、「或者當個話題討論討論」，最後引起您對學「生」的重新認識，肯定學「生」的文化意涵，這本小書就能因您的共鳴而深化了它的價值。

三十年粉筆寫軌範，半輩子講台尋生涯。黑板一面，良心一生。建中三十年，紅樓一個字，誠而已矣。薪火一把，我要做個點燈的老叟，像遯世無悶、像不見是而無悶的先覺者。黌舍長廊，我看到了古道的老印，帶著教書匠的一點珠璣，挑著炎黃文化的生命情懷，我依然在路上。火，染紅了。

我將再以矍鑠老邁的身軀，鏗鏘古意的熱血，站在一樣老邁的講台上，以豪情萬丈的錚錚鐵骨，以風霜歷盡的古邁漢子，述說我的誠心，灑脫我的真情。我等著莘莘學子狂放的問，我等著書海弟兄熱烈的疑，我等著寫作的大船在汪洋中婆娑，我等著教育的大山在巍峨中崇高。一筆成河，我是看不到盡頭的一葉扁舟，舟停了，槳乏了，我才打算承認我的歸宿。我尚友古人，我優游經典，我翰墨不歇，我是虛擬世界的一條老漢，心老了，筆沉了，我才願意收拾我的人生。

火，一把一把，是不滅的燈。

志，一方一方，是薪傳的心。

教書也要做個跑在最前頭的人，我要教到老。

燈會熄，價值要留下；人會老，骨氣要長存。

我一直是個學習生命昇華的基層教師，您願意一起學「生」嗎？

懂得陶醉在學「生」世界，一分一寸冶煉自己，您就會領悟——

人生只有走出來的美麗，沒有等出來的輝煌。

感謝文壇大師黃春明先生、林煥彰先生等諸先進友朋的豪情推薦，全國知名作家蕭蕭先生、丁威仁先生、凌性傑先生的熱血賜序，讓本書有了一點重量。建中前後任校長暨現任校長陳偉泓先生的提攜，漢光、尤進興、樹仁、天下雜誌、溫世仁、東元、人文適性等教育基金會的支持，中小學語文界先進的關懷，建中師生的溫暖以及雲端朋友的熱情。最重要的是建中國文科全體同仁的激勵，建中家長會的鼓舞，還有麥田出版社給我最好的新舞台。

林明進（建中一叟）　記於大塊齋

二〇一三年十二月一日

一 學陌生的知識

翁阿志明

「只有讀了一天的退學生。我送他到校門口，校門很大很寬，竟容不下他。」

十分陌生的聲音從南投某地傳來，那野性的聲紋在記憶裡是微弱的。那一年，十分土氣的聲音在空中翻騰迴旋，一日學生的名曾深深烙印在我心。

「老師，我是翁志明，你的學生。」

「老師，我就是只讀一天的志明啦，翁阿志明啦！」

「老師，我是看『非思不可』找到你的。」

「老師，我已經當兩個孫子的阿公了。」

「老師，明年春天我會寄竹山的筍子送你。」

俗諺說一日為師，終身為父。那一日學生，該怎麼形容呢？我的天啊！翁阿志明，是他，那位來一天就離開了的學生。

三十三年之後，他認了我。

翁阿志明，老夫是否愧對你？我記得你，你來你去，我都記得。讀遍了大台中地區的高中，都沒法順利畢業。這所學校是最後一站，結果還是高中肄業。日出到日落，只讀一天，回家吃自己。如今在南投，他有一家規模很大的竹筍加工廠，一、二十年前，還外銷竹筍罐頭到國外，現在則經營竹器、玉器，多角化、多元化經營。為人四海，樂於助人，有求必應，黑道白道，騙他吃他，他全不以為忤……。

那年老夫二十六歲，領著校長賜的敬師鞭，當起老師了。開學第七天，一個黑黑矬矬的男生晚了十分鐘進教室，註冊組阿姨拎著他到教室門口，喝了一聲：「插班的！」他還身穿友校的制服來到班上，模樣比其他同學「臭老」。選定靠窗最後一排最後一個，他逕直坐下，他的黑板在窗外。

下課後，老夫問他來龍去脈，他一口氣說個明白。「你怎麼這時候才來？」我問的是遲到。

「我那個學校說，不歡迎我繼續讀他們的學校。教官說，還是趕快換個學校，不然穩死的！我的叔叔跟學校的職員熟，他牽線讓我來的。」

「台中私立雖然多，你這樣消費，很快就會用完。來了就好好讀，忍一忍很快就畢業了。聽到沒……」看著我，他微微點了點頭。

上午第二節下課，他在廁所抽菸被逮，教官通知記大過兩次。

私立學校除了學雜費貴之外，記過懲處的制度也比公立嚴格。「聽說很多人跑了沒事，就你不跑，逞什麼英雄？」「抽了就抽了，跑什麼跑！既然非抽不可，還能跑幾次？」中午教官獎懲單遞了上來，電子一甲翁志明五十六號。面對他，我搖了搖頭。

下午第二節下課二十分鐘的打掃時間，又出事了。他站在訓導主任大位前，頭沒低下。我匆忙趕至，他看我進來，帶著挫敗的眼神，一時一刻目迎著我。

「早上兩支，下午兩支。二加二等於四。你不想讀了喔？」教官氣得冒煙，氣嘟嘟地冒斥。

「我是不想讀，是我老媽要我讀的，我不想讀。跟其他三家學校一樣，我爸爸是角頭，就是這標籤，我一來你們就給我點油做記號，我是歹徒之子！」

他用眼神說話：「痛快一點、俐落一點，要砍就砍，刀起頭落，趕快讓我退學。」

我低聲竊語反問輔導教官：「怎麼了？我真的不清楚。」

教官說校長在一樓探頭看水溝，他老大吐了檳榔汁。巧不巧？四樓吐下來，一口紅瀑布淋在校長頭上，整個頭像被打爆了一樣，狼狽至極。校規沒規定檳榔汁吐到校長頭上該怎麼辦？但我想，兩支大過是跑不掉的；太多人嚼檳榔了，不像話……

「就你一個人？」老夫焦急問道。
「四、五個，其他是別班的。」
「你吐的？」四樓往下，誰知道是誰吐的？
「不知道。」
「不知道為什麼要拿下這個罪？」你為什麼不否認？
「校長被吐到是真的啊！」
「教官有沒有問別人？」你怎麼不說還有其他人？
「我說是我吐的。」
「你真英雄啊！翁阿志明……」

降旗典禮後，我帶著翁志明到訓導處。求情。「可以給他一次機會嗎？他才來一天呢！我都還沒認識他。等一等，我去找校長，我去找校長……」主任教官則回應：「不用公布，讓他去領已繳的學費。」

「老師，我真的不想讀了。老師，我真的累了。老師，不好意思，謝謝你。」他走出訓導處，我呆立一旁，教官們無言。沒人攔他，他兀自走了。訓導處窒息，很悶。一見他從總務處走出來，我跟他要了家裡電話。他是我的教學生涯中，第一個退學生，他想回家。

只讀了一天的退學生。

沒有訓導會議，議一議。沒有留校察看，留一留。沒有以儆效尤，誡一誡。我送他到校門口，校門很大很寬，竟容不下他。我頭抬不太起來，沒看他幾眼，心裡對不住他。我沮喪地走回單身宿舍，這是我的第一張聘書。

十五天後，一場黑道火拼結束了他父親的命。跟他父親生活過的女人都沒來，生母倒是出席了。我出現在南投某個小鎮哀淒的告別奠禮場子，黑頭車，蜿蜒幾十輛，黑衣大隊熏黑了山頭。翁志明披麻帶孝，雙手合十對我說：「老師，我會做好子，我會做好子……」

離開台中前，我到二十幾名同學家做客辭別。

七月十七日，最後一站在翁志明家，他很意外。心情高亢，我倆喝了他父親生前私釀多年的蒸餾白干。我醉了，他吐了，那一晚在山裡他家過夜。不久他遠離家鄉到高雄打天下，之後就失聯了。

三十三年，一晃而過。

「老師，你在建中喔，做『教授』了喔？」

「老師，落來南投，我跟你喝幾杯。」

「老師，阮孫仔的作文要跟你學呢！」

「老師，竹山紅番薯我先寄五十斤去。」

「老師，我自己種的，有機的……有機的……」

番薯健康食品，我交代家人最近有大包裹。

翁阿志明的番薯，韌性一定特別強、特別Q。翁阿志明，他比老夫更像個男人。

翁阿志明，他來自黑道家庭。翁阿志明，他是黑道之子。翁阿志明，他自己做好子。翁阿志明，他是自己好的。

我的一日學生，翁阿志明。

我等翁阿志明的竹筍，好子有機的春筍。

”

一叟小語

學校是讀書的場所，在文明社會中，在日新月異的大時代裡，知識就是力量！學校是教育的搖籃，是學生基本學養的基礎。讀書貴乎明理，讀書在變化氣質，赫赫黌宇的價值在這裡，人文素養的精進在這裡，這是做學生的第一件差事！當就學遭遇挫折，人還是要自學，人都有自知之明，學自覺的本心，做自己的學生，不失其赤子之心，時時保有良知良能，水到渠成，自能盡其良善的本性。

人不能選擇自己的出身，但是能堅持自己的善良。翁阿志明不幸生在灰暗的家庭，退學、退學、再退學，有他當時難以自拔的困境。學校的規矩，裝不下他的桀驁不馴；教科書的知識、分數、排名，他不對盤。他是黑道之子，他說他要做好子，真辦到了。他是山裡的孩子，大山是他的老師，大自然教好他，大地教他踏實，地瓜教他謙卑。他是早熟的飛鳥，開發自己的真善美，認真做自己的好學生，他是自己好的。

“

刀客生涯

「三千元的天空很大很大，這是買不到的溫情。」

一名網友送我聖誕禮物集郵首日封，很開心。乍見底下還壓著一張天空藍的聖誕卡，十分好奇，信封只寫「台北市建國中學某某老師道啟」，沒有寄信人地址，也沒有署名。圓圓的郵戳，是北部某地，就這樣。打開竟是一張寫得密密麻麻的卡片，還有一封信，跟一張缺角的字條：

太老師：

我是您老學生張大偉的女兒，我叫小蘭。不管您覺不覺得唐突？我都要在聖誕節向您請安。我十五歲那一年，知道我的身世。去年歲末，我鼓起勇氣再探父親的監，我垂垂老矣的老父，都快認不得了，我們父女這是第三次見面，他竟然老淚縱橫，我第一次感覺到他的懦弱，同時也感受到他可以這麼慈祥。向來使刀使槍的「大尾仔」，頭一回像個父親的模樣。他說，他生病，恐怕不會好了。

父親隔著透明面會玻璃，以電話交代好多事，其中他很渴望的一件事，是叮嚀我務必要找到太老師您，在今年教師節當面向您說聲：「對不起！」一直以為您已經退休，沒想到您還在建中。由於剛害喜，教師節我錯過了。冬風冷冽，歲末將到盡頭，我一定要趕在聖誕節這一天傳送父親的懺情。

聖誕節是我的生日，我這條小命是您跟師母給的，謝謝您們讓我來到人間，這是難以言報的大恩大德。我母親曾經告訴我，有一天一定要當面謝謝您們，我知道她不方便，容許我生完小孩再去看您。我的爸爸第四次入獄，再過兩年也許可以假釋，我和我的父母現在真的都不方便拜訪太老師。

在聖誕佳節的前夕，敬祝

闔府平安快樂

大偉、如芬和他們的女兒小蘭　敬上

一〇一年十二月二十二日

那一年我二十九歲，剛到建中任教。賃居南港陋巷，分租一個房間兩千元。一張床、一張書桌、一排書架，是老夫的新婚生涯。暮春某週末夜，一通電話響起。

「老師，我是張大偉。你前年的學生，不愛讀書，退學那一個。想請你幫忙，我今晚可以睡你那裡嗎？我有困難。」

「可是老師只有一個房間呢！」

「老師，你一定要幫我！好不好？今晚你不幫我，我就完了……老師，今晚讓我躲一躲，有人要追殺我……老師地址是不是南港區中南街……老師，我女朋友懷孕了，我沒有錢拿掉……」

最後一句話，讓老夫答應了。

張媽媽說，大偉從小喜歡玩刀，不知為此打了他多少次，都沒用。打開我的學生記事簿——張大偉，國中領市長獎，北聯放棄前三志願就讀私校，原因不明。高一上學期成績優異，高一下在廁所內恐嚇勒索同學，校方勒令退學。他也曾經在三十九路公車上，讓座老弱婦孺，記嘉獎一次。在三重某戲院，夥同三人持刀勒索未遂，交付保護管束。他是私生子，母親是貴婦名媛，生父是當時的達官顯要。他是某幫派的小弟，綽號「大尾仔」，凶狠，性情偏激。他的哥哥品學兼優，是台大高材生，立志當學者。大偉女朋友家住基隆，單親家庭，個性溫吞，半工半讀。

第一次見到大尾仔的「父母」，是高一下家長會第二天。校內的恐嚇勒索案發生當時，母親出國，父親不肯來校。原本有留察空間的大尾仔，在園遊會前一天就說再見了。有一天，他母親在電話裡告訴我，他爸爸不方便去學校。問明原委，他老爸是大人物，原來有個名正言順的家。「勒退」這件事，大尾仔很生氣：「我×他×的，他還是個父親嗎？」

他帶了女友如芬，還有一把報紙包住的柴刀，晚上九點多來了，如芬靦腆含蓄不多話。兵分兩路。我和刀客張大偉到屋外晤談，我內人謝老師在五坪不到的房間，跟如芬說話。

「我砍了人家的手，他家人知道我在逃亡。那傢伙住我家同巷子，我賣命幫過他，沒人性，跟他借一點錢，他不肯。沒想到……我把女朋友肚子搞大了，我需要有錢去處理處理。……老師不准你告訴我媽，你要發誓不告訴我媽。我住一晚就走，借我一點錢好嗎？我媽會還你……」才幾天，他的江湖味比他滿嘴的菸味還重。

「真如你所說的話，老師建議你應該去投案。我不會給你錢墮胎，自己的事自己負責。你女朋友的事，最好親口向你媽說清楚。給你五百元，明天回家找你媽，就這樣。」老夫斬釘截鐵地說。

「我讀某某夜校建教合作班，白天在電子工廠。阿偉做了什麼事，我不清楚，他什麼事都敢做。好幾次，我都說要跟他分手，我怕阿偉會殺我，他來跟老師借錢，是要帶我去墮胎，三個月了。我見過張媽媽，她人很好，張爸爸不肯跟我見面。」

刀客的女人顯得有點慌張。

「懷孕的事，應該由雙方父母坐下來談才好，你最好叫張大偉去自首，你好好把書讀完。師母可以借你三千元，但不希望你去墮胎，不要告訴大偉我給你錢，你不能亡命天涯！」

這一晚，我們夫妻睡床上，亡命鴛鴦睡床下。謝老師說：「他們比我們還親熱呢。」謝老師孕腹便便，老夫我也將為人父。我們一夜無眠，他們沒翻身過。

張大偉母親一接到我的電話，六點便趕來。

「我×他×的，林老師你出賣我，你出賣我！」他咬牙切齒。

「你知道義氣怎麼寫嗎？你認識關老爺嗎？」他齜牙咧嘴。

張大偉握著報紙柴刀，豎了起來，惡狠狠地。張媽媽衝了過來，「啪啪」兩個巴掌連響，他沒還手。女友如芬跪了下來，哀求大尾放下，不要這樣子。謝老師挺著大肚子痛斥：「你是個沒用的東西……」空氣乍凝，突然靜默。

「張大偉，你要去投案，還是我找警察。」老夫向前，他刀放下，我聲音放低。

「大偉，走！我帶你去，跟媽去自首……走走走！」刀客的娘聲聲急。

「如芬，跟我跑路。都是一群自私的人……」大偉指著他老娘又說話了。

三個女子又哭又泣又叫又罵，罵破一早的寧靜。

張爸爸終於出現，肅肅有威，彪形大漢，破鐵門顯得小了。

「很好，都來了，該來都來了，算我栽在你們手上。」

「你敢帶我去，你就帶種，我就跟你去。你有種嗎？你不是怕人知道我是你的豎仔子嗎？敢不敢……敢不敢……敢不敢……」張媽媽聽了大哭。

「警察就在樓下，我帶你去做筆錄。」張爸爸冷峻說道。

「老師……師母……對不起啦……對不起啦……對不……」張媽媽跪倒哭癱。

「叩叩叩……」有人重敲鐵門。

警察已在鐵門外逡巡，他們一家三口走了。如芬留下。

這一回大尾仔吃了牢飯，張媽媽民事賠了一大筆。從此如芬沒再聯繫，墮胎了？

還是生下了？全然不知，我也沒再過問，僅陸陸續續聽說，牢獄他進進出出。最嚴重的一條，是從屏東搭計程車，一路包車到高雄。他喝了些酒，持刀脅迫搶劫司機，結果自己竟在車上睡著了。

「酒醉搶劫竟判十二年。」電話中張媽媽啜泣。

夾著的那封信，是張泛黃的影印紙：

我對不起我的女兒，這樣子讓你活在人間，很不應該。你的外婆會帶你長大，你要聽他們的話，媽媽很罪孽。將來有一天，你要去謝謝一對夫妻，他們給你一條命。師母借我三千元，原本是要拿掉你，我聽了師母的話。老師是建中的，留個平頭，感恩他們。

黏在上面是缺了角的小字條，歪歪扭扭的鉛筆字：

老師原諒我，我是張大偉，我是應該好好讀書的。

小蘭說是面會時，她老爸臨時撕下一張紙角寫下的。影印紙上有幾行字，藍筆寫上：

父母給我這般的命運，我很怨懟；老師給我這樣的機會，我很感激。爸爸在牢裡，媽媽遁入空門，這是袪不除的夢魘。可是三千元的天空很大很大，這是買不到的溫情。老師，我有活下去的力量！祝福您們一家老小平安喜樂。我的手機是……。

「小蘭，你跟我的大兒子年紀一般大，你還有一個會認你的老阿嬤。」接著，我打出這封簡訊。

一叟小語

國中畢業獲頒市長獎，就是該校的佼佼者。功課頂尖，成績卓越，校園明星，理應是全校的偶像。升上高中後，張大偉從「不愛讀書」到「我是應該好好讀書的」，是他悔之已晚的寫照。回頭是岸，重新做人，不是人人都有機會。一失足往往只有千古恨，走岔了，他只能腰繫柴刀，當個不入流的豎仔，身陷囹圄，糟蹋一生。

高一學校日，就是過去的家長會或母姊會。記得有一次，有一對父母在會後，很焦慮的走到講台前尋求協助：「老師，我兒子國中市長獎畢業，現在墊底，我們做家長的很不能接受，可不可以請老師多多督促，他真的是市長獎的呢！老師……」怪不得教育當局三令五申不准學校排名，其實看看班上的紅樓才子，有幾個不是市長獎的？可是重新洗牌以後，一切從零開始，有人排在前頭，有人落在後頭。老夫曾經教過最後一名進建中，三年後考上第一志願，如今在最高教育學府做研究。

話又得說回來，「愛讀書」、「好好讀書」，就能免禍嗎？要怎麼讓知識變得有用呢？

對學生來說，學校教育固然重要，家庭教育、社會教育，又豈能等閒視之？

一根扁鑽

他快步跑來，給我一包東西：「送給老師做紀念，它跟我很久了。」

從建中教書生涯往前數回去，三十三年前，這根扁鑽最少也三十三歲了。收在黑暗的角落，它應有的狂放、野戾、血腥、粗暴，全偃伏了。那是一個高中補校的武俠班級，刀光劍影所在多有，現在想想，當年的聘書應該加立遺囑。

「老師，我要請公假。」

「公假？」

「某某派出所把我拘留一個晚上，我沒有不想來上課……」

「拘留？為什麼？」

「無故攜帶凶器，一根扁鑽，扣我一晚。」

臨檢的警察大人從阿公店的茶室將酥餅仔帶回警局過夜，他把這筆帳記在公家機關，所以請公假，也算有道理。他說得振振有詞。

「這樣好不好？老師給你請事假。事假要事先請，因為事先你不知情，讓你補辦……這樣好不好？」我給了一條路。

「老師，你說怎樣就怎樣！」他總算願意配合。

老夫對他印象很不好，一副豎仔的調調兒，嚼檳榔、抽菸、喝酒，什麼都來，還會去茶店仔。酥餅仔今年應該四十八、九歲了，當年身長一五三，四十公斤左右，中部學生，田庄兄哥，同學說，八卦山都是他管的。他的確自豪的對我說過：「八卦山都是我的，那裡我說了算。萬一在那邊有困難，就說你是我酥餅仔的老師。」他長期霸凌同學，大家敢怒不敢言（我一直這麼認定），有一天，我會除掉他（我真的是這樣想）。老夫剛從成功嶺預官退役，餘勇猶存。

各科作業他交由專人處理，國英數理化……一科指定一人幫他寫，所以從沒遲交過。後來我才發現，原來連週記也不是他自己寫的。第一週說他的身世，農家子弟，家境清苦。第二週論及他的志向，要賺大錢，讓人看得起。第三週寫他半工半讀，老闆是個超級大混蛋。第四週則總結，以後要做個好爸爸，讓孩子將來有出息。

他經常請事假。「病假操行分數扣得比較少。你請病假啦！」我好心建議。「我是有事，不是有病。老師該怎麼扣，就怎麼扣！能讀多少冊，這是天注定的。」

酥餅仔江湖味很重，他吩咐的事，大家不敢多說話。但他又很講「義氣」，班上誰受到欺負，他一定出面討回來。上課不聽課、不睡覺、不作怪。考試不偷看、不作弊、不求分數。這位八卦山的山大王，自有他的學生哲學。

有一天晚上，第二堂體育課時，他溜回教室，驚見隔壁班的消炎仔到班上行竊，被他逮個正著。當下一五三的把一七〇的打得地上翻滾，鼻青臉腫。小高一而已……他動刀了，我氣死了。喔咿喔咿……救護車載走了，血漬紅亮在地，全校瞬間沸騰。

我請擒住他的教官讓他到鳳凰大樹下，先借一步說話。

「他偷什麼？」

「賴打（打火機）！」

「你打人！」

「是。」

「有那麼嚴重嗎？」

「……」

「你動傢伙！」

「對。」

下一刻，我結實的拳頭，在他胸膛迸地一拳，迴聲很響，他退了兩步，沒還手。

沒多久，主任會同兩名警察過來，帶走他。樹影陰黑。

第二天，消炎仔的父母一路帶著三字經到校理論，滿口鮮紅的檳榔汁到處憤怒，擺明來討公道。驗傷單上寫著：臉部挫傷、鎖骨輕微裂傷、扁鑽深入，屁股開花。同時舉發他霸凌同學，逼迫同學寫作業……

臨時訓導會議，速戰速決——勒令退學。

隔天他就交保了，送少年法庭，酥餅仔不怕大白天不方便，中午來學校宿舍找我。只見他一本正經地說：「老師，我真的把他打得很慘，他是小偷。老師，我真的有請同學幫忙寫功課，他們都很願意。歹勢，讓你丟臉，這款人不打不行。伊老爸是鱸鰻，魚肉村民，有其父必有其子。我阿爸是被消炎仔老爸逼死的……」

「霸凌，流氓。打人，流氓。你就是流氓。」我當場又罵了他一頓，聲嘶力竭地叫罵，而後他黯然離開。我沒有揮手。

下學期過了快一半，班長告訴我，酥餅仔的傷害罪判兩年緩刑。又過了一陣子，一群同學說：「消炎仔他老爸被一清專案掃走了。」很多人放鞭炮，酥餅仔的正義打得更早，更大快人心，有些同學們擺桌請酥餅仔吃飯，集資刻了一個紀念金牌給他，上鐫「義氣」二字。

後來，我因結婚北上，離開了這所學校。休業式當天晚上，同學擺了兩桌，為我這個遺棄他們的老師餞行。酒酣耳熱之餘，酥餅仔出現，我不覺有種莫名的不安。他跟我乾了三大杯台啤。

「聽說老師不在台中教了？要回台北？對不起，我趕不及，班長有跟我說。……」有同學打岔說：「酥餅仔最講義氣，你是英雄。」

未幾，一哄而散。走沒多遠，酥餅仔的呼聲漸行漸近，我猛回首，見他快步跑來，給我一包東西。「送給老師做紀念，它跟我很久了。」

我跟他說了幾句話，他靜靜地聽：「酥餅仔，你現在混江湖？這種義氣，不久長。這種義氣，認同的人很少。這條路，會愈走愈窄。這會是條不歸路。」但是，我另外要說：「我誤會你了，你是查埔子。」

「老師，我知道做代誌的坎壍，你放心。」

我跟他握手，沒長高，他說還是一五三。

台中往台北的中興號直達車上，我輕輕打開。黑色尼龍布包得緊實，是一根扁鑽。前端是亮晃晃的尖頭，後有鐵環，尖頭上歪歪扭扭刻著「義氣」二字。送給我的這一根扁鑽，究竟是他血性義氣，單純紀念用的禮物？還是改過自新，打算丟掉的血腥、汙穢、暴力？我來不及問他，也一直沒問他。

從此以後，我沒打過學生，那一拳是我粉筆生涯中，唯一的一拳。

「酥餅仔，八卦山還是你的嗎？」每看一次扁鑽，心裡總是喃喃地問。

”

一叟小語

每一科作業都有人幫酥餅仔寫，懼他而寫，還是服他而寫？這不重要，有人願打，有人願挨。他壓根兒不想寫作業，這是大事。補校人生，都是半工半讀，有的學生咬牙苦讀，成績突出，令人感佩；有的學生求知欲望強，但是事倍功半，同樣叫人感動。酥餅仔生在那個文憑掛帥的年代，他只想混張文憑，提高學歷。真要講因材施教，讓他讀義氣學校，應該才算得其所哉！

酥餅仔的阿爸，是怎麼被消炎仔的老爸逼死的？路見不平，為義而亡，還是因利益衝突而惹來殺身之禍？或是其他，我並不清楚。酥餅仔以不共戴天的報復情結乘機傷了消炎仔，這不是大開大闔的義氣。做不到以德報怨，可以以直報怨；以怨報怨，妄動私刑，是另一種目無法紀。八卦山的大佛已經重新修竣，酥餅仔有沒有明心見性、了然自覺？他有沒有放過八卦山的清幽境土？有沒有再造自己的良知良能？

“

熱熱一巴掌

「一個耳光三十年，我們都等了三十年。」

「父為子隱，子為父隱。」孔子在特定的時空，曾經就父子關係提出這八字箴言。

葉公所謂直道：「其父攘羊，而子證之。」舉發其父攘羊之惡，是從法做立足點。孔子所謂直道：「父為子隱，子為父隱。」父子隱惡不揚惡，是從人性道德立說。在《論語．子路》中，葉公與孔子的這一段對話，存在著不同立場的思想背景，我們必須先清楚了解。

喜歡同中求異的，想激辯就有的激辯。大義滅親，雖然怎麼說怎麼有理，總要從民族的立場、華夏文化的立場論原則，才能建立起讓人服氣的說法！能夠異中求同的，人倫情分值得深思。父子有親，自是門庭之內的乾坤，總要從孝悌的基準、倫理禮俗的基準中學習教養，才能體悟炎黃文化的精髓！這裡不說這檔事。下文是一段父子難堪的故事，教官室擦槍走火，一對父子開打了，教官苦笑著說，此戲碼為《三顆勁梅狂掃一枝春鬧》。

「啪！啪！」一響接一響，巴掌清脆，怒喝威然，睥睨沙場的霸氣在一身海軍軍裝的上校身上使了出來，在教官室，打了他的兒子我的學生雷鳴聲。名義上是「大義滅親」，兒子被記一支過，其實挨揍還有遷怒的成分。老爸在「學務處」一併處理了「教務處」的事。

「你憑什麼打我？」

「就憑我是你老子，記過你丟不丟臉？對師長態度惡劣，你有沒有家教？你有沒有父母啊？」

再「啪」一聲！天地一驚雷！「我打給天下人看！」軍人爸爸怒不可遏。未幾，他也出手了，我的學生出手了……打在海軍老爸的上臂。手只搆得著那兒。心碎。三顆梅花瞬間黯然，父親咆哮。「學長、學長……別動手……用講的、用講的……」教官們一擁而上。腳步散亂，震顫，聲音比人多。孩子的爹，海軍上校艦長，收手。老子，心沉了；小子，倒是口噪了。

「你再打啊！再打啊！」

「不能這樣！雷鳴聲。」老夫嚴峻直視著他，眼下他全身抽搐。慌了，哭了。教官們將他老爸拉開，我把孩子帶走。「你再最後一名，看我怎麼揍你！」聲音漸行漸遠……

我們並坐在花圃邊，緘默半晌，沒搭上半句。「回家跟爸爸說對不起。」

「他今天上某某艦。他經常不在家。只問我成績。從小，他只要結果：第一名、第一名、第一名，永遠只能第一名！」

我告訴雷鳴聲一個故事，老夫我自己的故事。

記得高三有五次模擬考，在那個一等一的升學班，前三回的考試，我有兩次班上墊底，另一次進步一名，因為最後一名生病，沒考，成績掛零。我說得有點不好意思，他嘴角微微淺笑一回。

我從來沒有要考大學，那個年代大專聯考的大學錄取率約百分之十二。我的高中老師說：「師範大學者，吃飯大學也。」鄉下孩子考大學，父母都說，只有一個選擇：「師大」。當時只要考上師大，讀書不用學費，吃飯不要花錢，畢業就有工作。

然而真正的難題是，我根本考不上師範大學。所以，整天在班上當小丑，瞎混胡鬧，取悅大家，博君一粲，得過且過。有一天，一位同學拍我的肩膀：「試試看嘛！不要這樣。」距離聯考剛破兩百的那一天，我居然把他的話聽進去了。

那一晚，我第一次跟二十幾個同學留校夜自習。天色很美，西邊像打翻的番茄汁，豔紅紅地下山。我跟同學借了二十元，買了兩碗陽春麵。一個晚上讀了一本地理通論。第二天地理小考全班第一，鬼都不信。有目標的感覺真好，我要做好子。

於是，我暗地許願：「我要起飛，大學我來了。」

搭最後一班公路局的車，晚上十點三十分回到三星，我家就在一個小站牌邊。甫一下車，就看到老爸兀立在門前。左鄰右舍，門早掩了，冬夜寂深，暗冥並不寧靜。

茄苳樹影，在他銳利如刀的怒顏上婆娑，怒氣在動、在燒；月娘嚇得臉色發白。

「去哪裡？」

「學校晚自習。」我充滿自信，應該帶著誠懇的笑容。

「給你爸騙肖仔！」接著一巴掌狠狠熱熱地下來。月光碎成一地。

老夫一臉辣紅，接著走回我的土匪窩，父親逕入他的臥房。嘎嗚，門闔上，劃破田浪，響得淒涼。速戰速決，一個巴掌結束，情節太短，所以歷史沒人記載。

我無話可說，這一巴掌打錯了，也打對了。這一巴掌該打，雖然沒人看到，但真的應該狠狠地打。整天渾渾噩噩，無論打錯或打對，做一個父親，在那個年代都應該出手。老爸對我一直咬牙切齒的是，不認真，不負責。他經常說：「你知道什麼叫做責任嗎？責任就是負責把事情做好。」後來果然沒考上師大，老爸還是湊合著讓我讀大學。

我拉高嗓門對著雷鳴聲說：「如果你能想想，你老爸為什麼打你？會舒坦一點。」他沒回應。

我雖然沒怪老爸那一巴掌，但是一直想告訴他打錯了。不忍心傷他的臉皮，一直沒說。不願意說，因為心裡還有一股——莫名的氣！直到老爸第五次中風，氣息奄奄，只剩微弱的意識。八月，酷暑，我告訴老爸兩件事。

「你的長孫考上台大法律。」當下他熱淚盈眶，他的笑容歪著一大邊。

「爸，高三那一巴掌，你打錯了。那一夜，我真的開始用功讀書了。」他老淚一滴，老老地滑落。老爸與我兩隻手握得很緊，父子沒再說話。

幾天後，他就意識全無。我空撫老爸打我的那一巨掌。粗繭，厚硬。三年後，走了。幸虧我說了。

「雷鳴聲，恨鐵不成鋼。做父母的都是如此。」我瞿然注視。聲音壓得很低。椰影沙沙啞啞的跳格子。下課鐘響。

第二天我可以告訴我老爸，結果，我浪費了三十年。

第二天我可以告訴我老爸，結果，他誤會了三十年。

一個耳光三十年，我們都等了三十年。

你今天就可以馬上告訴你老爸：「我會修正我的態度、脾性……」或者「我會認真讀書，我會更認真讀書，不要讓你老爸等三十年。你若恨他三十年，他也會氣你三十年。老夫後悔，老夫懦弱，老夫愚蠢，你要比我強。請你讓老夫有機會，像曹操對楊脩的讚美一樣，我才不及卿，乃較三十『年』。」

我拍一下他的肩膀。淚水乾了，汗水溼了。

他順利升上高三。後來的事，我就不知道了。老夫等雷鳴聲的消息，老夫等雷上校的消息。海上若有浪尖的艦艇聲，讓我聽到；教室若有筆尖的心內聲，讓我知道。父子那兩隻手緊緊握在一起了嗎？

雖然，老祖宗說：「父子不責善，責善則離。離則不祥莫大焉。」給孩子做典範，永遠是最好的身教。然而為人子女，沒理由不早點長大。

家是講情的場所，不是講理的場所。話流動在風中，我已是一名老者。

”

一叟小語

上學求知的歲月最難避免：「比功課」、「求第一」，學生想要，父母想要，列祖列宗更想要。第一只有一個，可以期待個個都要爭先。每一個成年人都知道進入社會比的不全是知識，還要比忠實、比誠信、比人品、比態度、比胸襟、比沉著、比智慧、比道德，但是一旦為人父母，換了身分就換了腦袋，不能輸在起跑點的陰影，又全籠罩在升學主義的隊伍之中。

倫理看起來在別上下，核心價值卻在簡單的「尊重」。君子之道造端乎夫婦，從夫婦的相敬如賓開始，華夏文化在美麗的距離中，發明了「尊重」的微旨。父慈子才孝，兄友弟才恭，君使臣以禮臣才事君以忠，這種相對待的倫理關係，似乎更強調了上行下效、以身作則的倫理妙義。

亡父那熱熱一巴掌，是擔心改造下一代的夢碎了，他急是急我不爭氣。那一巴掌的誤會，讓我等了三十年，也反省了三十年，才在最後一刻鼓起勇氣，輕輕申訴，父子二人看來都得到相當的緩解。雷鳴聲父子的暴戾關係，自然也沒有想像中那麼嚴重，為人子要理解為人父為人母的心情，這需要時間。時代不斷往前走，這個世代的親子關係，是不是給我們深沉地上了一課？無論怎麼說，「打」，畢竟不是最好的策略。

"

「忘」子成龍

龍生龍，鳳生鳳，
老鼠的兒子會打洞。

清弱書生雜遝影，強壓南海晚蟬聲。
不畏紅樓斑剝苦，天涯去來任我行。

幾天以後，紅樓新兵就會愛上南海這一條馬路了。那件灰藍夾克尚未發下，駝客的氣概正在醞釀中。一旦「藍袍」加身，一年三百六十五天，天天就穿這一件。其實，內心最高興的，還有家家戶戶的父母親大人。從考上建中開始，孩子的爹和孩子的娘，說話便十分奔放自信，從颱風、棒球、政治風暴到寵物、菜價，最後一言以蔽之，都是我們家的「仔仔」、「丁丁」、「元元」……「考上建中了！」

關於這件事，老夫建議小駝客要充耳不聞、視而不見。讓出人頭地的你，給他們涼爽一下，畢竟這是榮耀的一刻。一方面你要讓他們當仁不讓，這是為人子女最好的回饋；一方面你的孝道撐不了太久，大開大闔讓他們一次爽個夠！第一次的學校日，將是建中三年家長來得最齊、最多的一次。笑容滿面，父母連袂，甚至祖孫三代全家出動的所在多有。菜鳥導師不用怕，就算講錯話，也沒人給你釘孤枝。我是老人家，俺是老鳥，我可以一針給家長們見血。

「請大家珍惜這短暫美麗的一刻。」

「請大家把握這剎那榮耀的歲月。」

高一第一次段考之後，將會是親情大拍賣的日子。不瞞大家說，五個星期後，台北將是座悲情城市，其實不只是建中，全台皆然。刀光劍影、槍林彈雨的艱苦日子，即將來到。屆時請大家手下留情，打在兒身嘛，痛在娘心哪！

敬告小蘿蔔頭們，你的自由空氣即將愈來愈稀薄了。別說老夫偏袒父母，沒告訴你高中成績的可畏可懼。電影《搶救雷恩大兵》片頭那段慘烈的死傷枕籍，即將上演。需要這麼悲慘嗎？若想日趨下流，當然不需要。沒關係！大人他們，會調適；小人你們，會閃人。打過一次仗，就是沙場老將。民不畏死，奈何以死懼之呢！沒什麼好怕的，老夫在說風涼話，他們「好強好大」，你們怎麼可以不「好怕好怕」呢？

「第一次段考考不好，你就慘了！」

「第一次段考考得好的，偏不多！」

所以這場仗勢必會讓你留下印記，像豹子頭林沖額頭上刻了字一樣。很難解釋你將怎麼個委屈與無奈，建中地上不見得清爽，頭上空氣倒還新鮮。大考大吸，小考小吸。沒考，你要拚命的吸。

也不是沒辦法挽救這個段考土石流！第一，第一次你就要全力以赴找位置。第二，做好時間規畫，聽你老師的話。第三，讀書、社團、生活、交友分配好。第四，老師要告訴家長，優等只要八十分。

大家開心比較好。天下有兩種人——天下無不是的父母、天下無不是的兒子。所以，贏的沒贏，輸的沒輸；誰也沒輸，誰也沒贏。若是到了高中，還小心翼翼地以錙銖必較的分數來定自己的視野、胸襟、雅量，就進步得有點慢了。

可是分數的夢魘，如影隨形、無所不在，最難的是名次問題，雖然現在不給成績單。有疑惑的家長，總有辦法讓它昭然若揭、水落石出，搞得你雞飛狗跳，流著淚和盤托出。誠實是最好的策略，據實以告，就是負責。

老夫曾經被一名家長海削一頓，有那麼一年，第一次段考成績出來以後。

「老師，我兒子怎麼會最後一名？他是市長獎的呢……」

「是是是……放心，我一定努力給貴公子開導……」

第二次段考，我的這名大徒弟又考了個倒數第一。

「老師，你嘛幫幫忙，他真的是市長獎呢……」爸爸說。

「老師，這樣我們做父母會很難過、很難過……」媽媽說。

老夫急得都快哭出來了，當然故作鎮定，說：「歹勢！我們班都是市長獎的。你們日子要好好過……」

知道自己是龍，為人父母會很篤定自己。知道自己非龍，做人爹娘會很否定自己。人生一定要這樣嗎？別做可憐的大書蟲。

所以，父母認定自己是龍的，做兒子的你只有一條路——難免亢龍有悔。

因此，父母肯定自己非龍的，做兒子的你只有一條路——你要飛龍在天。

其實人人都有自己的路，要做自己的龍。

天上的龍很難做人，你不要害牠。讓牠下來歇歇，不要老盤旋無著。

最慘的是，望子成龍的，「多」不是龍。

最悶的是，望女成鳳的，「多」不是鳳。

奉勸諸君，別鬧了，為人父母最好唱個童謠給自己聽。

龍生龍，鳳生鳳，老鼠的兒子會打洞。

各位同學，矇矓一點，日子好過，為人子女唱個童歌給自個兒聽。

花非花，霧非霧。夜半來，天明去。
來如春夢幾多時？去似朝雲無覓處。

凡事都有自然發展的趨勢，人人頭上都有一片天。但是你要盡力。

不管是雞蛋碰石頭，還是鐵蛋碰石灰，老夫先警告每一個家庭的上上下下老老少少。當「青春期的」碰到「更年期的」，或者當「更年期的」碰到「青春期的」，都是啞子壓死兒子，心裡有苦總說不出，當然有理也說不清。天下本無事，算我白說。好好讀書，這是本分；放長風箏線，這是智慧。

「忘」子成龍者，細聞：疊嶂層巒，不發一語，自然而然，究竟上達霄漢。
「忘」女成鳳者，請聽：原泉混混，未曾多言，亦步亦趨，終於下注江河。

比較好的策略，讓孩子們相忘於江湖，無爭於紅樓，渾然天成。讓作之師、作之父、作之母、作之子盡情演出，好好切磋琢磨。不是每一個爸爸都是王永慶，但是都認真打拚以養家活口；不是每一個媽媽都是阿基師，但是都盡力做出溫馨的飯香；不是每一個建中才子都能成為第一名，但是每一個大小駝客一定要做第一流。

你在乎成績出眾，可以。但是你要知道，第一名只有一個，個個都要爭先。

你在乎自我實現，也行。最好不要懈怠，卓越並沒有限量，個個都要出色。

你來到這裡，你要超越你自己。你們來到這裡，最好互相砥礪。

大家都要努力成大器。「忘」子成龍，才是「望」子成龍的訣竅。

一叟小語

魚在水中游，就找到魚的優游自在；鳥在天空飛，就找到鳥的翱翔自得。不是每一個人都要追尋世俗最高的位置，但是每個人都要懂得找到自己最好的位置。找到最適合自己的位置，就找到自己的價值。林懷民找到了位置，明華園也找到了位置；李國修昇華了自己的價值，謝淑薇也完成了夢想。位置擺對了，就會樂在其中，就會價值連城。

文、法、商都是滔滔大江，理、工、醫、農也是滾滾大河。是水就要流在溪裡，如此，上天給你一滴水，你就能給這個世界一條江。成績不是問題，不要一窩蜂死抓緊分數廝殺至血流成河；更不必以同一個遊戲規則判定自己的優劣而隨波逐流。要清楚明白自己的性向、興趣、能力、特質，你才知道真正的自己，才能快樂做你自己的龍。

目標務必明確，從零開始，跟著老師就能按圖索驥；態度不可含糊，踏實走去，中學是大學的預備教育，盈科而後進，自然水到渠成，瓜熟蒂落。清楚自己的才情之後，你當然要用功讀書，追求自己的理想。別說功課不重要，人啊，只有面對真實的人生，天上沒有掉下來的禮物！

二　學生存的能力

元本山

「元本山，一桶兩百五，
老夫花了兩萬五，同事笑我二百五。」

「元本山，原本是座山」，曾經是很吸睛的廣告詞。建中的辦公桌上，老夫經常擺著一桶元本山海苔。我只看，不吃。但只要同事們拿一片吃，就問我一次。仁者樂山，是我自謔性的答案，其實是自愚愚人。

很久以前，那時候週六還有半天課。台北市國、高中第四節都是班會。班會時，教室像立法院，唇槍舌劍，殺氣騰騰，你來我往，輸贏都痛快。當時教室不用說冷氣，連個四台電風扇都沒有。聰明如老夫，都會到走廊尋一片幽靜，消暑，斂心。等最後三分鐘導師講評，沒事就一句：「週末愉快，回家。」師生盡歡。

儘管社會教育的影響，遠比學校教育來得直接，建中才子一直習慣他們的遊戲規則：建中學生會用他們自己的方法，處理自己的問題。清靜無為而民自化，建中亦然，自由民主的學風，為師的最好策略就是不要干預，切莫抱持操縱的心，愈自然愈真誠愈好。再大的爭議，都會有美麗的出口，這是紅樓才子資優之處。看他們台上台下捉對廝殺。精采、妙極、樂透，偷笑不已。

記得清秋前後，涼風微颸，爽氣悠悠。我看紅樓多嫵媚，料想紅樓看我亦復如是。有人提著元本山，對著我笑，哇！南部的老學生來了。顯然這是個心情愉悅的班會，老夫週末撞見元本山，一對師生相互擁抱。

我的班在訓導處（學務處）右側第一間三〇一教室。「元本山」，他是我早期的學生之一，打瞌睡技術最高超的一位。合起眼，坐得危直，老僧入定，文風不動。黑魯魯的小子，殷實、誠篤、純直、話少、吐語簡單，憨厚可愛。

「哇！你怎麼來了……」當時約莫十五年不見。

「老師你還記得我嗎？」教訓老師最好的一句話。

「當然記得。」老夫接過元本山。

「聽說老師在建中，過來看看老師。」感激涕零。

「你哪裡高就？」

「還是在彰化老家……開茶行、蒐集骨董壺等。」

「那好那好，怎麼上來台北？」

「到基隆海關競標沒收的茶壺，真有利潤呢，老師。」

一臉聰明相，不像為師如我，笨拙老朽，不堪言狀。

下課了。我很愉悅，大方地向三〇一學生說話，語帶幾分得意，嗓門拉開：「老學生來看我，老夫要請他吃飯，今天不說話，回家！」大家都高興。

我心裡舒服。吃寧波西街「櫻花日本料理」（現在店收了）。最難風雨故人來，學生也算在故人之內。

「我住某某飯店。」「好好打拚！」握手，離開，當老師很值得，第一屆的學生來探望，何等驕傲的事！晚上，他打電話給我。

「老師啊，我飛雅特的轎車壞了，送修。」

「走長途，車要保養。」

「老師啊，這家修理場，不收簽帳卡。怎麼辦？」

「多少錢？」

「一萬九千多，我身軀現金沒那麼多。」

「我有我有，我送去飯店給你。」

「不不，老師我去拿。真家在，有老師……」

「那這樣好了，晚上我們一起吃飯。我以為你走了，哈哈哈……」

寧波西街吃「川料亭」（最近也收了）。師生相談甚歡，我給了他兩萬五。

「老師啊，我明天去基隆，後天就匯給你！」

「不急不急……」

他真的不急，十五年過去了。

兩年之後，我公出到彰化演講，順路到同學鞋廠，找事業騰達的同學聚會，聊起了這段往事。根據他給我的名片，正巧在這附近。我這位大公司副總同窗，行事像大哥，大聲大氣吼著：「我們去找他。」「找他可以，先說好，不討錢。他是我學生。」

十五分鐘不到，轉了幾個曲折通幽。豁然發現一座像桃花源似的老村落，陳舊的老四合院，特別寬敞就顯得特別荒涼。「那一間……」一個女人怯生生地指給我們看。眼前他一家棲居在角落，湊合著窩在簡單搭起的鐵皮屋，五坪不到。

週三下午，家裡只有一個小女生蹲坐在地上畫畫，一碗剛吃完的泡麵在桌角，不忍卒睹的簡陋。

「我是你爸爸的老師，爸爸在嗎？」

「爸爸去做小工，不在？」天真無邪的小女孩。

「媽媽呢？」沒答腔，臉沉了下來。

同學說，有需要叫他到他的公司，安插工人很方便……我把包裝一模一樣的元本山遞給小妹妹。「給你的。」她該稱呼我太老師，或師公。

「告訴爸爸，我只是來看他……如果有興趣，某某鞋業缺人。」

壓了名片。背面寫著：那些錢給你女兒買文具、買書、買糖果，還有書桌。

骨董茶具、茶行、飛雅特歐洲跑車……全是空中樓閣，一個影子也沒有，只有「元本山」是真的？學生找老師借錢，往往是窮途末路。我難過的是我沒有讓他跟我說實話。他沒有給我訊息，一直都沒有，我沒傳過簡訊，電話絕不能打，手機號碼在。我還活著，等他。

又過了十五年。另外一名老學生來建中找我，沒有元本山，但他湊巧名叫義山，同學管他叫阿山哥。練達、聰明、成熟，禮數周到。我請他吃寧波西街「桃屋」日本料理（只剩這一家）。

「老師，我急著一筆錢要用。」可是不小的數目。

「好，我跟你師母商量商量，明天給你答覆。」

他家境優渥，揮金如土的習性沒變，晚上我打了電話給他母親。沒等我提，對方劈頭就說：「老師啊，你千萬不可以借錢給他啊！我不是沒給他錢，他吸毒啊！」我發簡訊給他：「你再想想看，真的合情合理，需要這筆錢，明天到學校來取。想清楚再回簡訊告訴我，需要或不需要，一句話！」馬上收到簡訊：「真的非常需要，謝謝老師。」

第二天，晨曦，紅樓不動如山；夕陽，紅樓斑剝如昔，他沒出現。幾年以後的某個教師節前夕，辦公桌上擱著一張賀卡，那位拉K的老學生送的。

「老師，改天再來看您，謝謝您。」

元本山，一桶兩百五，老夫花了兩萬五，同事笑我二百五。元本山也好，阿山哥也好，借成也罷，沒借成也罷。師生原本就定調在師友之間，願意來跟你調錢，表示還有學生記得你，燃眉之急來跟你周轉，你不能見死不救。學生跟老師是家庭以外最純潔的關係，學生常常念著你，就像你常常念著老師。利不利、害不害，不是老師第一時間該考慮的。不言之教，仍必須在誠信的理念上，給學生一道光，只要光亮著，船遲早會靠岸。

粉筆生涯，我記得，我老師說過的話。
認真的小學老師說：「講台上生活，最聖潔的是揮灑白灰。」
粗獷的國中老師說：「粉身碎骨都不怕，要留清白在人間。」
剛毅的高中老師說：「黑板如濁世，白筆且清高。我天天擦拭，你天天印心。」

元本山，原本是座山。建中是一座大山，建中是文化的山，建中是錦繡的山。仁者樂山。

一叟小語

窮途不一定是末路，但是窮途絕不能幹傻事。老師往往是學生最後或最緊急時刻求助的對象，老師雖然不是萬靈丹，但可能是解渴的水，可能是休憩的亭，也可能是提供傾倒的垃圾桶。元本山最後的救贖，還是在學生自己。撞鐘理論，是《禮記．學記》的問學之道。叩之以小者則小鳴，叩之以大者則大鳴。大小不是問題，我心鳴你心，你心鳴我心，是學習的極致，是師生的至情。

元本山是老夫的故事，自然也是「元本山」這名學生的故事，這個故事說完了。我很期盼也很坦然地等待元本山，我的師生情誼非常美麗，來日方長，慢慢地等。孟子說學問之道沒別的，就在求其放失的心，教育永遠有機會，他一定能慢慢調整失落的山。有一天嶄新的元本山自覺本心，將又是元元本本地一座漂亮的山，也是他可愛女兒的靠山。

至於阿山哥，當他寫下：「老師，改天再來看您，謝謝您。」我有樂觀的感覺，相信他已經出運了。

一方石印

【題上兩行字，落了款，
然後端起沉甸甸的一方石印，蓋上印章就是認同。】

紅樓燈火熒煌，樂隊的驪樂依依，很多人走不出去。駝客們做最後的包圍，一首接一首的聆聽，開始懷念了。優雅的聲符深情蒼涼，畢業生的身子僵直，腳步零亂。牛爸爸送我一方很重的石印，我是身佩黑石印的教書匠。那一晚，是他笑得最真實的一晚，做父母難得的笑容。他靦腆伸出汗溼的手心，溼潤流動了教書匠與牛爸爸兩位老人。

我恭敬收下，十幾年來，這一方石印成了老夫的印鑑。

開學，蟻族似的駝客穿梭，秋陽悶炙，千張臉一個樣。誠正樓班上要註冊，莊敬樓四樓開校務會議，樓上樓下跑。重讀一年的牛騂，在走廊的盡頭，他小心翼翼遙視著我。

「老師我是重讀生，註冊組編到二〇二。我原本是三類組，但我喜歡藝術，所以轉組，我希望坐第一排第一個，老師方不方便？」

「牛騂。嗯，好名字，方便方便，學長優先，依你的。」

回了淺淺一笑，匆匆穿過學務處，我上莊四繼續開會。我猛地回首，好奇測試，依稀彷彿，牛騂仍小心翼翼望著我。

一名高瘦、秀氣、白皙的同學，在週記的國內外新聞欄隱示：「老師，班上牛學長，遞給我紙條，說想跟我做朋友。我嚇得手心都冒汗了，老師，我可以直接拒絕牛腥（故意寫錯）嗎？」這是開學第一次批閱的週記，很多同學已經熱烈討論，「他很娘」、「娘娘腔」是圍繞他周圍並不友善的比喻。

「至少可以點頭之交，不能當知友，成硯友又何妨！」老夫這樣批閱。

班長跑來莊二跟我報告，戲謔地說：「他是可愛的人類，現在全班上課都很亢奮，但是都沒法集中精神聽課呢！」

「你是班頭，要營造正向的氛圍，不要為難牛學長。當個班長就是領袖，高度要夠高，不要人云亦云，想把班上帶起來，第一件事是消滅歧見、偏見、成見。」

有一天午休，我到班上後門掃描，同學正和牛騂說笑，牛哥哥風姿的確有點兒綽約，說起話來細膩、柔軟、溫雅。興會淋漓處，牛騂手舞足蹈，不經意掐了「蒙古人」一手，班長也乘機瞎起鬨，回捏了牛哥哥一把，教室笑爆了。

紅樓夜自習書香正濃，他約我自強樓下第三張長板凳見面，想跟老夫聊一聊。

「老師，他最近都不理我，不曉得該怎麼辦？老師，同學很煩耶，他們都故意模仿我！」

秋老虎日連夜，夜連日。自強樓樹影婆娑，涼颸未興。我嚥了好幾口水，口乾舌燥的傾聽，需要冷靜地潤澤。

「是班長還是蒙古人？他們有沒有欺負你？」

「同學都是開玩笑的！班上沒事啦！學弟幼稚，我沒有放在心上。我的好朋友在高三，就是我原來班上同學。老師，你沒發現，我下課都跑到高三教室去？」

天漸漸暗了。

「我在小學時就發現我比較喜歡男生，我的國中老師要我多參加團體活動。和一女中、中山聯誼，我是不得已，我對自己認識得很清楚，十分苦悶。我只想活過青年，未來不知在哪裡？我不知該不該明白跟我的父母告白？」

「你很勇敢，讓老師知道！這是對的，真有智慧，也應該讓爸媽知道。這是自然而然的天命，別害怕。」

「我愛看《孽子》，很真實、但很灰暗。」

「太陽照在山頭，有向陽，也有向陰。你要跨過山巔，才感覺得到溫暖。」

夜已靜了。

我換了一個話題。

「你的好名字誰取的？你知道很有文化嗎？『犂牛之子，騂且角，雖欲勿用，山川其舍諸？』可以引申說明英雄不怕出身低，男兒當自強。牛騂！命名的人，對你是有很高期待的。」

牛騂話匣子打開。

「我拒絕做一個庸俗的人，我要像梵谷，他揮灑畫筆帶來一幅幅令人驚豔的畫。我陶醉過〈紫鳶尾〉的風采，原本高貴優雅的法國國花，交到梵谷手裡，在山間畫出凋零殘敗的美，別有一番妖冶的情致。他的〈麥田裡的烏鴉〉，色調憂鬱，意境深邃，他的〈向日葵〉色彩明麗……這位『撲向太陽的畫家』，舉槍，是他對平庸生活的勇敢否定，是他對這個世界的積極反抗，是他對自我意識的強力衛護。拒絕成見、拒絕既定規則，我生來就一向與別人不一樣。老師，我不一樣。」

「牛騂，你是該吃藝術這行飯的小傢伙。這種聊天方式我喜歡，我屬羊，很對味。」

「老師，其實原本我對您是很有戒心的。」

「哈哈哈，不需要猜疑老師，你很正常。」

高二下，有一天，牛爸、牛媽約老夫在歷史博物館二樓喝咖啡。

老師，我們家小牛，從小就讓我們傷透了心。小學只是喜歡花啊、粉啊，扮家家酒，覺得好玩。國中就愈來愈不對勁，手機打到爆，都跟男生……。只要罵他，就會好一陣子，一次又一次都麻痺不仁了。高中開始，他每天茫然、渾渾噩噩、不知想啥？我一直夢到我兒子變成狼人、變成吸血鬼，可怕得很！他交到壞朋友，他是獨子，牛家這個血脈怎麼辦？我一直告訴我們家小牛，這樣下去會死得很慘！

牛爸爸、牛媽媽，一哭一泣，我渾身起了一陣陣的寒顫。

高三下，某日午夜十二點，手機響起。

「老師，他帶男生回來，我不想活了！我們兩老在客廳，他們在房間！」牛媽哭聲淒厲。

「牛先生呢？」我問。

「他無法說話，他難過死了……」

「我去接你們，來我家喝茶。」

那一夜，我們聊到天亮，是一生中最長的週末夜，為人父母的兩對父母，口水夾涙水，東方見白。

星期一，牛騂在走廊說，他向父母「出櫃」了，他吸了一口清明之氣。

讀完某大學美術系，當完兵後，牛爸、牛媽請我小酌。當著牛騂的面，牛爸爸這一次很爸爸的大嗓門。

「我賣一棟房子，給你去西方的藝術之都深造。我把你交給你自己，好好表現你的藝術天分一次給老爸看！」

第一次看到牛媽媽不哭不鬧、不流淚、不皺眉頭。

那位學長也來了，跟普通人沒兩樣。他靜靜地吃。

十來年後的今天，聖誕嫣紅，鈴鐺聲響遍街頭巷尾。歐洲的聖誕老人從雪地裡快遞聖誕卡，文字透心熱。那一年，建中忙碌的開學日，日子雖然已遠，那一幕——在走廊的盡頭，他小心翼翼遙視我的眼神依然靈動。

剛出爐的建中學報，我寫了一篇講順而動的豫卦，宅配歐洲，我題了兩行字，落了款，然後端起沉甸甸的一方石印。

神情專注地——用印。它是一方印色朱燦的璞石。

寄往維也納——牛騂。他是一座毛色騂黑的原牛。

左下角加了兩行小字：

同志曰友，同志就是志同道合，我們會認同紅樓夢。

一方石印，石印代表尊重出櫃，你們要打造新天空。

蓋上印章就是認同。

一叟小語

兩性平權與同性之愛，都應在尊重的基礎上，去正視與討論基本的人權。牛騂徘徊在性別認同的掙扎，以及牛父、牛母在傳統社會認知下的矛盾，同樣需要大家關懷的力量。牛父、牛母與牛子的異中求同，是新生的開始。

我曾經評過一個大型的全國作文大賽，有一名以同志為素材的參賽者獲獎。他曼妙的文字活在我的記憶深處：「我輕輕遊走在社會的邊邊上，那裡沒有太多的快樂，大部分的同伴都來自遺忘與排斥，我們來自同性戀的世界，以同志為名，在社會文化的邊陲地帶嗅出了前世的鄉愁，而我們來此，找尋到屬於自己，不再異樣的位置。廢墟中的重生如同破碎家庭中的同志，用盡重生的力氣，爭取文化中的一席之地。可惜最後，我們還是在流浪，在流連盤桓，原地的幾百次信步，只追求為了被社會文化接納的那一步。」

祝福努力追求自己心靈的人，給自己一片澄澈，就會找到天空。每個人的一生，本來就都是在等著接納自己，找自己的天空與價值。

留校再看看

「一時義氣」，
你選擇了一條看似輝煌卻淹沒在無盡感慨的道路上。

一名紅極上海徐家匯的老學生，為我帶來口信：「阿龍吃牢飯了！」

教書匠沒教好書，只是丟臉。當老師沒教好人，一生揪心。善度規矩繩墨高深方圓，才做得成木匠。圬者上下牆壁粉刷，靈鏝瓦刀稱泥水匠。尚友上下五千年，數經史諸子號國文先。黑板與粉筆的生涯，老夫講台並沒站穩。軍人的事業在疆場，陶朱的事業在商場，教師的事業在杏壇。青年、壯年、中老年，算了再算；高一、高二接高三，數了再數。老夫教半輩子書，沒把人教好的例子還真不少。

開學不到兩週就留校再看看的阿龍，在他畢業典禮那一刻，給我很大的力量。畢業生忙著請師長及同學簽名、留言、留影，只有阿龍拍著胸脯豪邁地說：「老師我畢業了，我真的克服萬難畢業了！老師要給學弟機會，給一切可能的機會！謝謝你的留校再看看……」

這個畫面從三十年前的某某中學停格至今。帶著留校察看的枷鎖，像一路刺配滄州的林沖，一身是膽，俠義心腸，好鳴天下不平的阿龍，他似水滸英雄那個「笑黃巢」的梁山呼保義，他也似梁山水泊那個「替天行道」的黑三郎。

但他也有說不完的囧事，抄滿英文單字的手臂，被主任一把揪出。阿龍對有人通風報信出賣他，一開始深惡痛絕，當他得知舉發的是結拜金蘭的好兄弟，阿龍始終沒去追究、沒去拆穿、沒去掀底，只是幽幽地說：「他一定是為我好。」

記大過一次。

阿龍一早興起，在公車上搭訕國三女生。當場被坐在女生一旁的母親刮一個火巴掌。第二天在訓導處像一個送上斷頭台的受刑者，認命地承認自己的行為不當，接受嚴厲處分。出自名門，獨力扶養他的母親，踏進教官室，聲嘶力竭地尖聲大吼：

「你還是個人嗎……」老母淚水奪眶，他的眼堤瞬間潰決。

記大過一次。

臨時訓導會議：該生有損校譽，合併點點，著記三大過。留校察看。

「行為不檢」的字眼，讓我痛了很久，阿龍不是那樣的學生。

「阿龍！留校再看看。」老夫拍著他的肩膀說。

阿龍的英雄事蹟，義氣不勝枚舉。路見不平的俠氣，從國一挺身衛護母親開始。

父親帶外面的女人回家，蹺課的他撞個正著。

「媽！我們走，不要爭贍養費，你的兒子會養你！」

在孝與義之間，他放下了曾經義憤的熱血。

「阿姨！你要留下，不要歹勢，我的父親交給你！」

在孝與義之間，他做出了十分寬容的抉擇。

「誰睡午覺在教室搗蛋？」沒人承認。

「我！」

「誰對女老師吹口哨？」大家遲疑。

「只有我！」

「誰講髒話？」

「是我！」阿龍直挺挺的舉手。

「又是你！」訓導主任咬牙切齒，如利箭的眼神。

又是你……又是你……又是你……又是你……三十年來這三個字，縈繞老夫耳旁不去。很多都不是你，我知道。三十年了，老夫對不住你。我沒有揪住元凶，減省你的過失，任你的一時義氣背著別人的懦弱。

阿龍應該四十五、六歲了。「一時義氣」，你選擇了一條看似輝煌卻淹沒在無盡感慨的道路上。走出校門，我就沒你的消息了。畢業典禮結束後，他還說了幾句話：「我無法忍受同學的膽怯！我對同學的小家子氣很難過。」

你的義氣像驢打滾，沾了太多的塵味。

聽說幾年前，你在上海為好友背了黑鍋，因而入獄。你相逢意氣為君飲，大塊吃肉、大聲率言的爽氣。凡事任我行的性情，成了你，怕也壞了你。

路見不平，一聲吼啊！

該出手時就出手。

風風火火，闖九州啊！

「生死之交一碗酒……」宋江慣唱的那一首歌，聲音從忠義堂流傳。只有老夫一口能一飲而盡，上海灘別清吟。黃浦江頭，海浪正激。

老夫我會去探監你一回。

一叟小語

勇於承擔是阿龍的可歌可泣之處，襟懷開闊是阿龍的可貴可愛之處。要跟有道義的人講義氣，路見不平也許是行俠仗義，分寸的拿捏還要道德與智慧來當靠山。正義是高貴的生存力，在意氣與義氣之間，阿龍恐怕是模糊了！

見義勇為才是勇者，恃強使氣與沆瀣一氣，同樣是弱者。正規的人生不是靠拳頭、強凌弱打天下，也不是憑意氣用事、巧取豪奪得來。該做的事挺身而出，成功或失敗都有價值；自反而不直，不該做的事就堅決不做，俯仰無愧就是個不折不扣的人。仗義的漢子，正是他有所守，所以滄桑加深了他行俠的顏色。剛矯矯的壯士，正是因為他有所為，所以堅毅擴大了他頂天的豪邁。

義氣和意氣是鄰居：義氣講道德，憑良心；意氣重情緒，看利害。有博愛心，有敦厚心，才是亙古不變的真理。存私心，盡私情，莫非是一時然諾。老夫固然老朽，義氣不減。我的鬢霜將映照上海灘，朝天咄咄奮筆，告訴阿龍，義字怎麼寫。

漁父

「不同的店賣不同的餅，每家店的口味不同，有人喜歡甜的，就買甜的，有人喜歡鹹的，就買鹹的，能叫好又叫座就行！」

闊別多年，小瓜瓜竟然在我眼前出現，讓人聽了很舒服的理由是回頭充電。

「老師，屈原〈漁父〉這一課，我愈教頭愈大呢？最近學校動盪不安，想問問你怎麼看屈原？」

堂堂建中第一類組高材生，當年口口聲聲要治國平天下。十幾年後，小瓜瓜竟然當起「誤人子弟」的教書匠來了，更糟糕的是，還擔任上輩子一定做錯什麼事的「國文老師」。最近老夫的運氣不太好，冥冥中有一股力量在逼退，不是碰到跨兩代的父子檔學生，就是老駝客來搶飯碗！

「你什麼時候想不開跑來教書的？……為什麼？」

「我一直都想教書。我雙修，副修中文，就是崇拜老師啊！」我聽了差點噴飯。

「老師我想問一問，你對屈原的評價。」

「講屈原要有水，汨羅江太遠太深，我們去植物園荷花池借潭水。」

接著我跟鄰座同仁示意，要出校門跟學生談屈原，這回賞敗荷，不跳水。

在南海路上等綠燈時，我瞅了他一眼。許是粽子吃多了，眼前的小瓜瓜像個直挺挺的屈原，駝客的眼神總是剛正凜然，胸壑這樣崇拜著屈原——

面對奸佞當道的朝堂，他以忠言極諫的堅持來喚醒沉睡的楚國；面對「淈其泥而揚其波」的眾生，他冷毅抉擇往江心輕輕一跳，不讓世俗的塵埃，玷染他的皓皓之白！千夫之諾諾，孰與一夫之諤諤？在那個唯唯諾諾的昏黑世界，他鼓起嘯傲天地的長鳴！雖不能拯救那個破落的國度，他卻讓一種捍衛尊嚴、不共世俗的精神，硬是流出一架忠誠不屈的長河。

（長亭外，古道邊，芳草碧連天……）

轉入荷塘，一名老叟的收音機響起，悠哉悠哉的是一池秋魚和一線黃雀。

「老師，你看，荷團失圓？荷花隱沒？荷意將殘？荷香已褪？」

「小瓜瓜啊，看一池敗荷，你想，那澀澀的不也是一種美感嗎？」

「老師，你的看法怎麼都跟我不一樣？」

「年紀、經驗，還有智慧……」

「老師你教誨人還是刀刀見骨呢！」

「哈哈，誨人『不倦』。你不是要治國平天下嗎？你當年不是上台大法律嗎？你不是要當中華民國總統嗎？」

「老師，你覺得漁父對，還是屈原對？」

「一個是隱身避世，垂釣江濱的隱逸之士；一個是行吟澤畔，形容枯槁的悲憤之人。不必問對與不對？都沒有錯。還有好不好，美不美呢？不同的店賣不同的餅，每家店口味不同，有人喜歡甜的，就買甜的，有人喜歡鹹的，就買鹹的，能叫好又叫座就行！」

「老師，屈原幾千年來的拒絕庸俗，不是一直在讀書人的血液裡流淌？寧為玉碎，不肯瓦全，正是兩千年來江畔的悠悠詩魂啊！這種擇善固執的崇高，不正是屈原理想人格的展現嗎？」

「漁父的意思是勸諫屈原不需再堅持既有的理想而自苦。滄浪之水清兮濁兮，可以濯纓，可以濯足，這是用水之道。漁父主張聖人應順隨環境的變化，隨其波而逐其流。」老夫再概括地說：「一個是儒家思維，一個是道家思維。貧賤不能移，富貴不能淫，威武不能屈，是屈原的大丈夫。不拘泥於世事，順勢不干預，是順自然而無為的江上漁父。」

「老師，其實我不是問屈原，我對校園的不尊重很不滿。」

「你說！」

「我是有屈原的熱血，有路見不平的義憤，我抗議！」

「你說！」

「我們學校查堂查得太頻繁，每堂課都有人靠在窗邊窺聽！」

「害我講課講得嘴角冒泡，真是折磨人。你還在那一家私立學校嗎？現在比較進步的作法是由學生做期末評鑑。」

「讀過建中的人很不習慣，這樣的講台沒尊嚴呢！上班就上班，有什麼好查堂的？建中不點名吧？」

「你胡扯什麼，你當過學生你知道，建中也要點名啊！風紀股長會點名，你又不是不知道。不過，建中老師都知道扮演自己的角色，書教得好是本分。很久很久以前，有一任校長貼近窗戶聽課，那位老師當場溫柔的發難：同學，校長在窗外有話要跟大家說，大家鼓掌歡迎……你知道那場面有多難堪。但必須澄清的是，那位老師教得特別好，所以他凜然不可侵犯得有理。能在講台上高度負責才能談尊嚴，不要抱怨，反求諸己，先把自己做好。適應環境，漁父提供了生存之道。」

清秋池水悠悠，我心澄澈。

建中懂得尊重師生。三十年了，我懂，建中就是靠這個。建中有自由民主的學風，建中不會倒退，這點我很驕傲。三十年了，我真的懂。

「瓜瓜啊！照章行事，主其事的人理直氣壯，但也有他的難處。」

「可是搞得風聲鶴唳，人心惶惶啊……那老師你的看法呢？」

「只是有人把人當好人看，有人把人當壞人看，如此而已。」

「那老師，你覺得我該怎麼辦？」

「你要當屈原，還是要當漁父？」

「屈原？漁父？我想，我會當屈原！」

「屈原投江，對當時楚國的政局有顛覆性的影響嗎？沒有！令尹子蘭、上官大夫靳尚，有沒有因他的死而改變？沒有！對一個有為的政治家而言，這死得冤不冤？多糊塗啊！寧死不屈是屈原的勇，投江自盡是屈原的愚，原始儒家是不會自戕的，除非是面對民族大義的危急存亡！青史說，管仲、文天祥、岳飛是民族英雄，有人說屈原是民族英雄嗎？」

「後人不都稱許其忠嗎？」

「沒錯，只是忠得有點可惜。君使臣以禮，臣事君以忠，沒教你死啊！他是被放逐而負石投水，投江只完成了他的怨懟。精神上兩個選擇都對，當屈原可以，但不可投江。」

「為什麼都對？我對貼近窗口的查堂還是不能接受！」

「查堂的態度如果太粗糙，下面的人做什麼反應，都是正常的，學生主管與教師各有立場。沒有從人性出發的政策，都必須修正，特別是教育……你就別傷腦筋了，過一段時間，聰明的教育主管就會理出頭緒。回到我們的漁父，漁父的與世推移是順自然的形勢而為，是道家的智慧。……」

「老師，那你想當什麼？」

「釣魚離水三寸的姜子牙。」

「他在做什麼？」

「等待。」

「等好？等壞？」

「等得到當姜太公，等不到當漁父。」

「老師，你答非所問呢。」

一陣秋風傳來屈原的聲音，帶著濃濃滄桑的南方嗓子。

我所抗拒的，是那個黯黑的時代，是眾人皆醉的沉淪。我望見朝廷之上，朽索為官，殿陛之間，小人食祿。偌大的楚國，昏聵無能；阿諛的朝臣，行屍走肉。我的靈魂，承載的是楚國風情的鐵骨與血性，我以斷然的剛強，自沉汨羅，這是節士的激情、悲劇性的叛逆。這一槍，自然是要由我老屈來開，準不準，不重要，但必得要響，且響徹雲霄，遺音不歇，讓所有失去靈魂的人都要不安，都要低頭問良心。

「老師！我要做一棵頂天立地的松，我要吟涅而不緇的聖潔。」

「嗯，你是個勇者。」

「老師，萬一我當不成屈原怎麼辦？」

「只好游於江潭，行吟澤畔，顏色憔悴，形容枯槁。」

「只有這一條路……」

「記住，不可以投江，連荷花池都不行！」

「那如果不當漁父，也做不成屈原。怎麼辦？」

「可以學諸葛亮，對劉阿斗進盡忠言啊！」

「我和校長有點熟，要怎麼說？老師。」

老夫清了清老邁的喉嚨，模擬漁父沙啞的低語，說：

「做事要用科學，智商要高，才能想出好的對策。帶人要用智慧，智慧要深，才能契合人性之常。」

「如果諫言不入呢？」

老夫睜大眼珠子，翻開原儒的真精神，徐徐發出山東腔。回答老建中的子貢：「『忠告而善道之，不可則止，毋自辱焉。』做不成三閭大夫沒關係，別給我頭破血流，渾小子。」

小瓜瓜立起身子，骨頭比老夫還賤。他說：「手機沒響，是個平和的午後。老師，也許我會去考司法官，去他的漁父、屈原，謝謝姜太公。」小瓜瓜學ㄚㄚ作語，老夫莞爾而笑，拍拍屁股起身。

荷香不興，荷葉敗零，紅樓依然斜紅。

”

一叟小語

黑貓白貓，能抓耗子的，就是好貓。屈原與漁父都有一套應世的智慧，在人生的舞台上，人人都有自己的人生哲學。屈原與漁父，路數不同，無法用同一套標準來衡量優劣。同樣的，面對工作崗位的衝擊，要謀定而後動，才能立於不敗之地，這是生存之道。

小瓜瓜剛烈狂直，腸子如水管，大直特直，他只想鳴天下之不平，孤注一擲，槍管永遠會留下最後一顆自戕的子彈，他沒有耐性去做「留得青山在，不怕沒柴燒」的事。總得經歷十年生聚十年教訓，煎煎熬熬了二十年，才有失而復得的越王句踐。

也許屈原是自知宦途無望，也許屈原確知楚國的政治病入膏肓，所以決定以身相殉，最後一聲撲通，是湘水淒厲的痛切淋漓。也許他自忖好活歹活都撼動不了政治的昏暗，他看不下去，至於有沒有迴響與餘波，他不在乎，他全不放心上，他要直挺挺的沉沒。也許屈原出道之初，少年得志，贏得楚王信任，內政外交他全攬，只是小人讒毀也交逼而來。在這種情況下，一旦失去舞台，情何以堪？這是比較負面的思維，如果是因此而投江，就不值得了。

小瓜瓜打算另闢蹊徑，投考司法官，不失其法律人剛正嚴明的本色，也許司法官才是他更適切的領域。至於屈原忠心的芬芳，我們仍肯定他「寧為玉碎，不為瓦全」的聖潔，他耿介忠直的堅持，不失讀書種子所遺傳的傲骨。荷花池與小瓜瓜的對話，老夫只是因材施教，希望湘江水底的屈老先生理解。

"

給紅樓新貴一把刀

【只有自己才能給自己一把刀！殺自己的銳氣，殺自己的傲氣，殺自己的脾氣。】

瘦蟬唱最後一波高潮。秋蟲晚鳴，紅樓新夢。愣頭愣腦的小駝客們，即將懵懂地走進建中。新的紅樓才子又要來了！你要沉著走向偉大，南海路上有了新的跫音——散亂、茫然、慌張，帶點喜悅。

雄赳赳了一個暑假，多少人和掌聲以你為榮。踏入這塊領土你將渺小一陣，但內心仍要打直。背要學習微駝，三年後謙卑的駝客才會成形；心要學習開闊，一輩子才有包容萬方的氣度。

建中的校門不氣派，會壓得你透不過氣來。麵食部種類多，一不小心，你就會猶如六畜興旺。夕陽太瘦，椰子樹太高，照不成騷林一枝春。教室如骨董般老舊，你很快就滄桑得像名學者。老師臥虎藏龍，不會管你芝麻蒜皮的小事。你想要的天空好大好大，你帶來的膽子卻好小好小。

來了這裡你就要知道，踩著發燙的沙漠，你的駝掌不若你的駝峰。穿上質料不精的卡其色制服，你其實並不鮮豔。畢竟建中濟濟多士，你只是其中一名小駝客。校園沒有什麼新鮮事，不必覺得自己太特別。

建中最大的價值，是你將和來自八方的各類才子共處三年，找到最適合自己的路，比什麼都重要。

建中人最需要涵養的是將心比心的能力，想要成為像樣的人，從恕道開始，把功課交代得宜是你責無旁貸的責任，不要把時間浪費在你一定會後悔的事情上！

認為自己渺小比不過別人，是你看不起自己，只陶醉在過去的叱咤風雲裡，是不折不扣的懦夫。跟別人比太辛苦，跟自己比太籠統，跟理想比才算清明。

若真要比，請你捲起袖子，對空畫字，寫進你的肺腑：

——比尊嚴、比價值、比人品、比堅毅、比韌性

——比熱情、比忠誠、比浩然、比淡泊、比寧靜

——比敦厚、比豁達、比慈悲、比寬和、比慧心

這樣才是有骨氣，這樣才叫肩膀。

想必很多人曾告訴你很多故事，例如建中是一流的學生，二流的××，三流的××，五流的××，八流的××，說得震天價響，形容得斬釘截鐵。如果你傲慢，

你會相信這種傳說都對，如果你成熟，你會明白這類流傳沒有意義。

我們需要第一流的熱情；我們需要第一流的和諧。

我們需要第一流的傾聽；我們需要第一流的價值。

我們需要第一流的謙卑；我們需要第一流的合群。

我們還需要有第一流的——

犧牲、奉獻、智慧、學識、體魄、膽略、胸襟。

雅量、正氣、義氣、公理、遠見、理想、實踐。

紅樓不是用來讓人做夢的，建中不是用來培養明星的。

每個人都要給自己一把刀。曹阿瞞行刺董卓的七星寶刀，閃閃削鐵如泥。左思貴一割的鉛刀，同樣晶亮尊貴。砍得下你的劣習，你就能脫胎換骨；劈得成你的傲慢，你才能虛懷若谷；刺得掉你的依賴，你才有錚錚鐵肩。你只來三年，建中永遠是你們的家。我來了二十年，離開校門便是過客。

學你的學長，愛你的建中；敬你的師長，長你的智慧；孝你的父母，達你的天德；盡你的稟賦，唱可歌的你。然後，你就是一等一的建中人，你就是一等一的真男人。你要彎腰駝背的走進來，還要意氣風發的走出去。

只有自己才能給自己一把刀！殺自己的銳氣，殺自己的傲氣，殺自己的脾氣，殺自己的洩氣，殺自己的小氣，殺自己的俗氣，殺自己的穢氣，殺自己的戾氣。然後你才會新生，生氣蓬勃。

建中的門很寬，人生的路很廣，生命的歌很美。

”

一叟小語

建中有很多種類型的才子，但只有一個品牌——優質。一生當中，你可以台大、麻省、哈佛、牛津、劍橋，一路卓越。但是青春十七、十八少年時，建中的灰藍夾克仍是台灣最閃亮、最搶眼、最難忘的印記。國歌也許唱得並不出色，「東海東，玉山下」的校歌卻響徹雲霄，而且百唱不厭。「愛校如家」是千真萬確的情懷，「髦士三千」是道道地地的菁英。

其實，和所有學校一樣，讀書必須靠自己，別以為來了建中就事事順遂，萬般如意。建中人的生存之道與所有中學生一樣，不外乎時間管理、情緒管理、學業管理、生活管理。很多人與匆匆來到建中，從夢紅樓到紅樓夢，沒有踏實就永遠只是個夢，等到紅樓夢醒，多少悔恨，多少嗟嘆，多少抱怨，都無濟於事。沒有人在乎你是贏在起點，還是輸在終點。可以輸給別人分數、成績、名次，就是不能輸掉自信、靈魂與尊貴，能日趨上達，才算贏了自己。

「修」，就是去掉不好的；「養」，就是涵養不足的。果能此道矣，老夫說，你就是第一流的建中人。每一所中學、每一名莘莘學子，不都應作如是觀嗎？

❝

三　學生活的趣味

祭信文

寄信人地址寫「內詳」的都不安好心，知道不知道？

十五、二十年前，在建中駝客的歲月，十分繽紛。社團喜歡找小黃黃；畢旅喜歡找小白白；談戀愛喜歡挑戰小綠綠。找小黃黃，社團生活溫馨；找小白白，畢旅閃亮刺激；找小綠綠，志在冒險，但往往是悲壯慘烈的一役。

有一年春天，在星期一第七節的課堂上，班代向老夫借十分鐘，說是要討論重大議題，像班會一樣。此時全班鬧哄哄的，因為與總統府前面那所綠色女校辦完班遊後，部分同學提議追北么，優勝者請老師記功嘉獎（天啊！這是校規第幾條？），誰先追到手，班會頒發金駝獎——建中牛肉麵十碗。誰先收到情書訊息，則致贈黑駝獎——建中黑糖冰一碗。

遊戲規則確定後，當天一放學就有人殺過去了。那附近可是有憲兵兵團捍衛，總統府又是易守難攻之地。這一場仗並不好打，不然學長就不必哀鴻遍野了。夜色茫茫，星月無光，英勇的戰士們挺進，夜襲。公駝激情地置個人死生於度外，以班級興亡為己任，很有「年年戰骨埋荒外，空見蒲桃入漢家」的悲涼！

✎

這次行動，班費沒花一毛錢，有人卻中槍倒地。

「大目仔」文筆並不是特別好，膽氣卻不小。他向來點子多，任何旁門左道都有一手。為了捷足先登，為了旗開得勝，他急就章地一次寫給三名小綠綠，想亂槍打鳥，卻不幸露出三個破綻，行家一看就知是粗糙的豬八戒寫來的。其一，發信人地址寫「內詳」；其二，收信人寫北一女某班某號，而非對方姓名；其三，更糟糕的是未貼兩塊錢郵票。經驗豐富的友校軍訓教官，就依照豬八戒條款處理。中午廣播器呼叫三名女學生「到案」，三人一字排開。教官劈頭就問：「這三封信是你們三位淑女的，誰知道是誰寄來的？」有搖頭，有說不知道，一臉狐疑，全然摸不著頭緒。

「座號對不對？三號、十七號、三十九號。」

「對！」三人齊聲回答。

「那教官建議現場開封，就不用惹麻煩。」

「……」全點頭。

信裡面連名帶姓都寫出來了，完全符合班級的座號，悽慘的是，內容完全一樣，只是換了個名字。

我是上週跟你們出去班遊的建中小帥哥，我叫甄德燦，長得高高瘦瘦的，帶著一副大眼鏡，班上給我起個綽號——大目仔，不曉得有沒有學問淵博的意思。我很誠懇想跟你做朋友，希望你能回信，而且要趕快回信，因為這是本次班遊活動之後的能力大考驗，攸關本人在班上的身分地位，最先收到回信的人有獎，將來我們可以一起研究功課呢！請你幫幫忙。

紅樓不才子　甄德燦　敬上

三名小綠綠，一字排開。

女教官威風凜凜地說：「這樣的男生像建中的嗎？綠衣人要有一點品味！以後不要隨便給別人班級姓名座號，尤其是建中的。信給你們，最好扔了，請問三位淑女，這種信值得回嗎？收信人寫『內詳』的都不安好心，知道不知道？」

「謝謝教官！」三人你看我，我看你，禁不住噗哧噗哧掩面而笑。

三封「信屍」後來被貼在公布欄上，一封捱一封並排著，一根大頭針釘死壓死，信紙顯得垂頭喪氣，內容歪七扭八的字，彷彿站都站不穩，一副要掉出來的樣子，頗有十字架的悲情。每封信都有六個相同的錯別字被挑出來（還注明罰寫十遍），而且綠人國班會決議：必須給予最嚴厲的公審，任誰都可以在上面留言狠批！

「莫名其妙被叫到訓導處，簡直丟透臉！寫給三個人，哼！他兩隻腳想踏幾條船啊！叫他們班長帶他過來道歉，怎麼有這麼笨的駱駝？」

三名受害者回到班上簡直氣炸了，話說得糾結紊亂，七嘴八舌的意見盡出，不曉得讓聽誰的意見好。但至少大家一致聲討，眼前可見一群綠衛兵……（槍扛在我們的肩上）頗有抄家滅族的氣勢！

殺紅眼的批鬥文字密密麻麻，公布欄可謂血流成河，大目仔將軍何處覓功名？

——建中豬頭班的書呆子。

——錯字連篇的紅樓才子。

——叫他先回去喝飽媽媽的奶水再來。

——可憐的大目仔，你完蛋了！挖掉你一目。

——客死異鄉的信，你知道家的方向嗎？

——大眼鏡哥哥，你的字像中風一樣呢！

——你的信被吊死了，好慘好慘喔！

像鞭屍一樣，原子筆刷得火紅，鞭痕怵目驚心。看來這三封信死狀甚慘，無人收屍，非常悲淒，應該重金禮聘明朝王陽明再寫一篇〈瘞旅文〉，同樣是三具屍骸，同樣是死無葬身之地的可憐蟲。

有一天，那一群小綠綠的導師突然打電話到學校找我。表明來意後，宋老師娓娓道出這樁情書事件，我們兩名導師當下大笑一場。

「林老師，你覺得貴班那名肇事者要處分嗎？」

「本人覺得欠資郵票六元，是我們應該付的。班會有決議：我方會派總務股長專程送達。到目前為止，大目仔還不算觸犯校規！」

「建中的，你們該派人來收屍了，吊那麼多天了，千刀萬剮喔……」

「北么的，我們死要見屍。醉臥沙場君莫笑，古來征戰幾人回……」

三封信全被蓋上「欠資郵票」的郵戳，由總務股長護喪，哀哀運回母校。轉而貼在班上公布欄開弔三日，以示哀悼，並謹訂本日為班恥日，大目仔上台接受公審。班會時，主席將信件風波做成討論提案，大目仔被大肆批鬥，一致認為破壞建北情，嚴重損害建中名譽，移交班導，嚴懲不貸。

老夫獨立審判，直接提出重罰大目仔辦公室拖地三天、錯別字罰寫十遍、罰寫作文「陳情表」一篇，並於下學期指定擔任康樂股長，勉勵他在從哪裡跌倒，就從哪裡爬起來。同學不服，堅持要求外加阿魯巴，以儆效尤。眾怒難犯，為妥善順應民意，老夫勉強予以同意，只是附帶條件——必須保證當事人重大器官絲毫無損。

期末班刊付梓。

學藝兼國文小老師，寫了一篇〈祭信文〉。

維中華民國某某年，孟春既望，葬信使三紙於紅樓大山而奠以文曰：

嗚呼，汝等以右都護大目仔輕狂行事，孤軍深入敵境。其初，所向披靡，捷報連登，紅樓上下，齊呼天威。不意主帥不敏，有私偏之惑，指揮無方，後援不至。致三信陷入危境，綠國一區區上尉教官口頭凌辱於先，眾綠衣女復千般凌遲於後。信紙人生，悲莫悲若此矣。

昔李斯〈諫逐客書〉以泰山不讓土壤，故能成其大；河海不擇細流，故能就其深；王者不卻眾庶，故能明其德，秦王收逐客之令，紙短理壯。丘遲〈與陳伯之書〉，一紙江南草長，順利招降，信使之功也。史可法〈復多爾袞書〉申明忠節大義，凜然無畏，青史昭然，亦弄墨之情也。

今紙德依舊，舞文者陋，劍未出而首已伏，功未泐而身先卒。白紙有情，黑筆無才，竟淪至萬筆剮心，血涔涔流，皆大目仔有以致之。紙骸已矣，領導師命而寧汝等於紅樓之側，便祭掃也。春草生生，綠寇蠢蠢；建國戰士，歃血為誓；還我三紙之冤，此其時也。葬歌哀情，言猶在耳，紙灰飛揚，東風野大。學藝歸矣，猶屢屢回頭望汝也。嗚呼哀哉，嗚呼哀哉！

期末給他多記嘉獎一次，感其多情，亦悲「信」之不遇也。

美國加州陽光炎炎，小道消息甚囂塵上。傳說大目仔與一悍女子在海外過從甚密，又說正是當年北么三名神祕綠衣人之一。為了博君一粲，誘殺三信，余深為之慟也。

聽令！待大目仔回國，小子鳴鼓攻之可也。

一叟小語

人不痴狂枉少年，懷春的陽光男女，總有寫不完的故事。青春的滋味，就是叛逆狂野，尋求獨立，喜歡自主，當然也是愛戀的歲月。在寫信談戀愛的年代，挑戰威權的體制，對抗嚴管的學風，生澀的愛情是最尋常的發酵劑。黃衣是太陽神的女兒，溫暖熱情；白衣是中山建國，淵源有自；青衫本色，總是灰藍夾克揮不去的情殤，綠兮衣兮，心之憂兮。

大目仔是調皮男生，也是正常、健康的年輕小伙子，時代不同，思維自然也不同。禁忌的時空，就有禁忌的遊戲，愈禁就愈戲，愈戲就有人愈禁。然後故事留下來了，回憶留下來了，懷念也一直留在最深的心裡。

每個人都有青春年少，每個人也都有最想念的季節。少年情懷總是詩，為人父母別忘了自己曾走過的浪漫，為人師表也別換了位置就換了腦袋。人生每一個階段都有各自的風景，將心比心，回頭一眸，也許你也會意外尋回自己的影子。

9147

「9147不好記，9147很難記，9147我快要忘記了，我真的準備要忘記了。」

踹落荷塘君莫笑，古來肉腳幾人回？

二十幾年前，那個年代建中的狂狷之士經常被堵，有的甚至被扁。美麗的植物園、荷花池邊、涼亭下、一路蜿蜒的九重葛旁……都是建國戰士的古戰場，故池西邊，人道是：紅樓阿郎傷心地。

挨打了，肯誠實告訴老夫的，我總會拍拍他的肩膀，安慰他沒事。問完緣由後，他錯了，理當該打，我會要求學生聯繫對方，並致上歉意，同時向我校及友校報備。敬菸，不准，那是不成熟的江湖規矩。如果才子無辜而挨打，我便會狠狠訓他一頓。除非誤打，一定有教人想打他的誘因。我則會設法跟對方聯繫，老夫親自道歉。敬菸，還是不准，那是黑道的硝煙味。

至於蓄意打人，打贏了，我會請父母來校，警示家長。或者被迫打人，打贏了，我會親自到學生家裡，還是示警。基於個案不同，怎麼處理都不完美，打架終舊是不好的。然而無論如何，結果不論輸贏，我都會送學生一本《孫子兵法》，要求他罰寫十遍，外加研習「不戰而屈人之兵」一小時。沒收到兵書的，恭喜你，好孩子，你更上一層雲，收到的也別難過，老夫正是圯上老人，你快出運了。

紅樓才子志在天下，不在兒女私情，要靠腦頭，不靠拳頭。「千金之子，不死於盜賊」，我會諄諄叮嚀，送給他的父母：給他一流的智商，也要給他一流的智慧，這是大家的責任。血氣未定，不是只要戒之在色；意氣用事，不能光靠一張嘴，「止戈為武」與「不戰而勝」是一家人。

別看我老氣橫秋，在建中不怎麼修邊幅，人之將死，其言也善，就當我是臭屁的大哥，請聽我說：十七、十八青春少年時，老夫也曾經被圍過。丟臉嗎？嘿，不怕你笑話，高二學弟們曾揪團到高三圍老夫，雖然全班要替我教訓學弟，雖然老夫當時是三鐵健將，我硬是吞下去，白白受辱，收起祖父曾教我的拳腳功夫。我嚥口水，輕輕受教，以父親曾教授的柔術應對。跟他們計較，不就跟他們一樣了嗎？狗咬狗一嘴毛，我是人，不是狗。練功夫，不准打架，這是我的家訓。

民國六十二年的十月天，只是規規矩矩偷看女生一眼，就有事了。老夫長得跟一般人一樣，很普通，與所有男人一樣，我愛看女生。老夫性別屬性也很明白、很平凡，喜歡異性，於是我根據天賦，大方偷瞄。那一年，有一個九字頭的女生，總是在午休時間到辦公室。老夫的學號００１１９，她九字頭，若不是留級生，就是復學生。十二點三十五分她準時出現，獨自一人。上樓時，頭有點低，修長英麗，五官特別甜美，鬈髮過耳垂中央，有點違規，裙子過膝，良家女子，走路輕盈，偶爾會跳上幾步，姿態極其自然。瞅人時，婉約眄睞，眼珠子舞得靈活，讓人找不到回家的路。

一個星期後，事情發生了。星期一頒獎，老夫上司令台領作文第一名獎狀。經過她們班時，她個兒高，是排頭第一個，又是風紀股長，點名走來走去，竟然把我絆倒了。她是否說對不起，我忘了，但我可是看清楚了她的學號：9147。

走下司令台，她以眼神說對不起。眼前一群女生，當下我必須視若無睹，凡是英雄，都是一定要這樣走過，不信的話，你去問司馬相如、司馬遷或司馬光。好一個9147，你慘了，我天天盯著你看，老夫的座位正好是304左邊靠窗的第一個，這是命，視野最佳，她的正面、背影、彎腰，任何姿勢都美。以柳樹為基地，走上第二層樓梯時的四十五度角最迷人。午休要睡午覺，到底是誰發明的，真絕。

過了一段偷窺的歲月，十七、八天後，事情鬧大了。下午第一節下課時，以張姓高二留級生為首，一群分散各班的留級生在教室外欄杆排排站堵我。我當下根本不知道出了什麼事，就被請了出去。

「午休時，你為什麼瞄我？我從文藝走廊往教室走，你瞪我……」

「有嗎？我第一次見到你耶！那你誤會了，我正在看女生，不可能看你。」

「看不看女生是你家的事，我不管，但你為什麼要瞪我……」他三七步的站著。

「我沒有，如果你覺得有，我可以道歉。」我按照父訓，甘苦吞腹內。班上一堆人衝了出來，好多人陸續爆粗口，我反而變成局外人。就在劍拔弩張之際，老夫揮手要同學別衝動，高三的尊嚴還在。聲音壓得很平穩：「請好走！」我對著他說。

９１４７所屬的班級當然也出來看熱鬧。未幾，他們竟然一哄而散，架沒打成，不幸的是，從此——第二天中午，就不見９１４７的人影了。玉階空思，雙目枉視。中午十二點三十五分，她始終沒再出現。

放下守株待兔的日子，踏向準備聯考的歲月。９１４７漸漸淡了、忘了。她叫什麼名字老夫始終不知！就管她叫９１４７，很多年了，還是只知道她叫９１４７。

結婚很多年以後，銀行開始有密碼這回事，必須是四個字，「生日不好？容易被猜到；結婚紀念日？也很危險。」銀行行員熱心提點，我十分傷腦筋！靈機一生，老夫竟然脫口而出——９１４７！老婆大人卻認為，「這號碼很難記，不要啦！」我說，「９１４７、９１４７、９１４７、９１４７，很好記啊！」老婆說，「誰管你！」然後瞪我一眼。意思就是隨便你。

我的學生都知道９１４７的故事，我很喜歡講這一個非典故，只是一段純純的青春大夢。

四十年過去，歲末殘臘，老邁的天候，我竟在蘭陽旅北同鄉會的聚餐場合見到她和她的夫婿。９１４７風韻猶存，氣質出眾，我們對看了幾秒，當年穿過柳樹的翩翩身影閃過。

她說：「你曾經在升旗台前撞到我，很粗魯，哈哈哈……」

我說：「我知道你。我應該記得你……」

立在一旁的他說：「我不認得了。歹勢、歹勢……」

說完，滿嘴酒腥的他，就被拉去敬酒了。他××的，我當然認得。我笑笑，英雄不戀棧，走人，有時候心裡頭不舒服，的確該講講髒話。我沒有給名片，也沒問她芳名，她已有了一個張董夫人的頭銜，凡是有禮貌的英雄，不能再多問。眼前牽著她的手的他，就是當年想要扁我的「張先生」。課堂上我經常戲謔地說：「同學聽好，這叫做人生。」老夫告訴自己：「這叫命。」

前些年，銀行通知將四碼改成六到十二碼，９１４７的密碼就不再使用了。有一天，老婆發現了，她問：「怎麼換密碼了？出了什麼事嗎？」「不不不，是有點難記，常常按成９１７４。９１４７是不好記……」老婆瞪著我說：「跟你說你就偏不信，不聽老婆言，吃虧在眼前……」９１４７現在真的不好記，當年應該跟他好好打一架的。做人啊！氣不過，有時候該說一點髒話。就像現在：「※◎＃○＊※，這樣可以了……」

同學，打架不好，要用大腦做人。打架是低等動物的行為，打架沒品、沒水準……建中人要看得準、看得高、看得深、看得遠。千金之子不死於盜賊，萬金之子不幹架，打架是野蠻的事。但是，罵給自己聽的髒話，有時倒是可以喃喃說上一、兩句。９１４７不好記，９１４７很難記，老婆說得沒錯。９１４７，我快要忘記了，我真的準備要忘記了。

”

一叟小語

生命中有很多符號，只要難忘的都有意義，喜怒哀樂都是人生的一部分，「吃苦當作吃補」，這句富有生命哲學的俗諺，有很深的人生意涵。易經的第三卦屯卦，提到面對人生的第一步，老祖宗就明白告訴我們，要學會面對迍難的環境，苦難的人生才是貼近真實的人生；最後一卦六十四卦未濟卦，易象告訴我們，大自然不是圓滿的，人生不如意事十之八九，也是不圓滿的。所以，一帆風順的人生並不是真實的人生，能以追求圓滿來面對不圓滿的人生，就能完成「人」的價值。

生活的趣味到處都有，處處留心就能處處發現，人生並不是生冷的機器，人生也不應該憧憧往來，一朵路邊的野花有其澎湃的世界，一片翻騰的流雲也有它婆娑的浪漫。成長中有許多密碼，自己才能打開的密碼，屬於自己的祕密花園，繽紛也好，淡雅也行，足以讓你短暫的物我兩忘，就是至上的情味。無傷大雅的密碼，談不上是人生的印記，卻是生活中很微妙的記憶，微妙的感覺往往就能衍生出美妙的滋味。密碼能夠獨享，那是慢慢自玩，樂趣無窮；密碼若能夠分享，這個密碼就可大可久，嬉笑怒罵莫非情趣陶然，大開大闔更能心凝形釋。沒騙你，9147老夫早就忘了；不瞞你說，也可能是騙你的。

“

爬牆

「爬回去，不處分！」
「是，謝謝教官。可是我要買冰呢。」
「幾碗？你說……」

這些年，建中學生已經很少將爬牆當成英雄行為來看了。建中人如今少有人爬牆了，有門可走，何必曰爬呢？賀校長的影子悄悄回來了，紅樓精神人人做得到，駝客自我管理計畫奏效，還要紅樓主人茅塞頓開！

解嚴了？曠課二十一節上限變四十二節？銷過？不刺激？如果是以這種角度評論爬牆，那就把建中學生看低了。建中是高智商與高智慧的師生一起打造出來的，君不見，寧波西街的幾家國術館都式微都不見了，可見建中翻那一道牆，翻得是自由、民主、獨立、自主。建中學生看的是高瞻遠矚，追求的是哲學家皇帝，不必跟局外人玩小鼻子小眼睛的遊戲，瞎呼嚨行不通。他們可是玩大的，不愛玩辦家家酒這勞什子遊戲。

如果段考問學生：請依顏色選出爬建中圍牆最優前三女校。小黃族、小白族、小綠族等，這會是一道好題目。建中才子實在不方便回答，學長曾吃過虧，保持緘默最好，一旦答案不公正，會有人走上街頭，那三色軍比紅衫軍可怕。而如今，倘使建中新貴再吹牛皮，胡謅自己的爬牆功夫云云，那就太遜了。同學們都知道：建中已經不需要爬牆了。

小黃黃、小白白、小綠綠爬得好不好？不在天賦高下，也無關乎技術良窳與否，全在社團的屬性，很多是放學後需要到建中來討論事情的。基於時間的需求、權宜之變，三種顏色傍晚會翻過來。黃白綠，色澤鮮明，大家胸中自有丘壑，比的是特質，沒有人會庸俗到瞎排名。有人分層次，無人分等級。有的看美姿美儀，有的讚不讓鬚眉，有的憐嬌嗔乏力。爬上牆就是認同，翻過牆就是融入。

莫道爬牆易，紅樓彥士多骨折；莫道爬牆難，建中勇者若靈猴；莫道爬牆好，駝客形象多訾毀；莫道爬牆惡，膽識武藝若飛鴻。門通，夜戶何須閉；牆隔，疑似玉人來？有牆就會有人翻越、攀爬，這是經驗法則。話說建中爬牆史，尚未解密，自不便公開。也許紅樓的史官以為小道，校史並未記載。爬牆這事兒，就視為道聽塗說，聊資一歡。

讓我們一起回到二、三十年前……

以建中基地座向為準——正北方位是學生活動中心。格物樓、明道樓，龍蟠虎踞，好一個左青龍、右白虎。兩樓東西前腳各有一個高大的蓄水塔，地勢隱密，是爬牆正規軍的最愛，可惜腹地小，障礙物也多。加上沒有起跑空間，牆又高聳，有些才子上不去。這兩處是建國武士的牆，沒有三兩三的人不會來。

橄欖球隊圍牆最不容易出事，腳印最多也最斑剝。這裡既是黑衫軍的營區，一般紅樓老百姓難窺其堂奧。後門垃圾場牆最高，高度介於兩百六十公分到三百公分之間，只有紅樓大內高手會猿上猿下，高規格宣示主權。國語實小和建中宿舍區最難抓，但是出入者甚寡，因為羊腸小徑多，不諳地形的話，爬得出去，恐怕找不到回家的路，以至於只聞教官哨音虛吹，不見四方爬客大駕光臨。建中校門口傳達室後方，有一段高峻的圍牆，最危險的地方就是最安全的地方，有人從此翻越，國語實小放學小朋友多沿建中圍牆邊走，這一塊牆，有品的建中人不爬。

看起來建中處處都有牆可爬，卻處處難爬。教官都是定點巡邏，只要守株待兔就能成績斐然。爬牆不是敵對，也不是對抗，教官柔性規勸的多，所以談建中爬牆的青史，教官最艱辛也最可敬。爬牆有三種：上學遲到、自習課無聊、上課無趣蹺課。遲到不忍心苛責，自習課要諒解，蹺課就得譴責。

在我的學生備忘錄中有這麼一段——

某友校曾經戲謔建中新生胖子阿東——你能爬過建中圍牆，我們才跟你們班遊。牆內牆外有數個女生準備對百來公斤的阿東認證，全班的希望繫乎於阿東一身。

某日傍晚時分，幾株綠色植物也在一旁見證。阿東仗著人高馬大，就在後門拚了。立定跳上不去，又沒人當馬蹬，也沒幫囟。夕陽西下，十公尺外，他拍拍手帶著紅咚咚的餘暉起跑，渾身是油，影子滾動，晚霞搖搖晃晃，手未抓住圍牆上緣，肚子倒是搶先貼牆，身影不見，砰地一聲，地動牆搖，整個臉全罩在灰牆上，鼻梁受損，顏面多處刮傷。仔細一點的可以瞧見一縷紅血輕滴，阿東因公受傷了。

同學聞狀，氣喘吁吁地將他抬到垃圾場後門口，做了必要的安撫，適巧教官聞訊拿人……由於壯志未酬，又有血光之災，僅記警告一次。失敗的英雄最受崇拜，得到精神獎，班遊當然也成功了。阿東是老夫的大徒弟，當年一百一十三公斤。

我有點自責，手頭明明有一本《單兵爬牆基本教練》，為什麼不先防患未然，學黃石公給阿東影印一本。當導師這麼小氣不行，這是大氣象大格局的建國中學。當阿東摔得鼻青臉腫之後，老夫決定請出祕笈，以饗駝客。

爬牆八步訣：

一、爬建中的牆，要先兩腳虛著牆壁（當然是憑感覺）。

二、先吸一口氣，兩眼看準牆頭，在第一時間兩隻手正抓牆沿。

三、雙掌虎口在內，其餘四隻指頭向外。

四、同一時間縮小腹、提肛，一雙手肘順勢往上伸直。

五、慣用右手先跨右腳，慣用左手先跨左腳。

六、接著一個空中迴旋，身體自然旋轉一百八十度。

七、然後，緩緩吐一口氣，輕鬆落下。

八、最後還要做出建中招牌動作，拍手三下。

如果失敗，那就算了，當我沒說，老夫年紀大了，有時候真會記錯。如果教官在圍牆下呢……祕笈沒交代。

在寧波西街上，國術館生意鼎盛的時期有三、四家。聽說當年建中很多刊物，還是靠國術館認了不少廣告呢！有一家館主林先生身高不足一百六十公分，是公認的骨科聖手，自稱練就少林寺絕學，有輕功，能飛簷，可走壁，十分了得。一般性骨頭錯位，他一摸就好，老夫曾親眼目睹，十分神奇，三十秒不到，兩千元落袋，三個以上還可以打折。

林館主每天坐在那一把不太相稱的鎮館關刀旁，邊抽菸品茗，邊望著他衣食父母的建中圍牆，等著那一聲巨響、哀嚎、昏厥。十五、六年前，不知是爬牆技術好了，還是爬牆人口少了，國術館一家一家收了，林館主最後也帶著他的輕功離開圍牆邊。說起來，這也是建中的社會責任，只是沒有人喝斥我們而已，其實是我們對不起他們。

有一次，一群急急忙忙的翻牆大漢錯估方位，試圖矯健騰飛而過，自鳴得意。沒想到，竟然是爬到教職員工宿舍，驚動雞犬。師長們視之為穿窬之盜，捉拿校辦，最後都以訓斥結案。一直到有人翻錯牆，誤闖某校長宿舍，才有人因爬牆受到記過的處分。附近有一戶校舍甚至在圍牆上端埋上碎玻璃，學生嚴正抗議，認為這是不友善的舉措：我們可以不爬（那裡），請不要妄加危險物品，要把人當成好人看待，不可以將人視為壞人，否則就不要修築圍牆，最後，那戶碎玻璃人家竟也妥協了。

圖書館後方舊校舍未拆除前，外頭有人在賣小吃。在眾目睽睽之下，建中學生知道校譽優先，不敢造次，於是便有商業頭腦的老闆標榜著「買麵不用爬牆」的行銷手法。一根長長的竹竿，一竿鈔票、一竿麵，穿梭牆裡牆外，做起學生不爬牆，

「願者上勾」的買賣，有夠聰明。我常常在想，那位聰明的老闆會不會是建中學長？後來，警方強力掃蕩，為期很短的「竹竿麵」就落幕了。

除此之外，牆前疊羅漢的翻牆陋行，向來為建中人所鄙視。爬牆的形象嚴謹、規矩很多，因而意外事件也特別多。建中是個大家庭，教官關愛學生，麵食部也有善行。在舊理髮部上方水塔左側，是個隱密又好爬的場所，對於尚未練就攀爬基本動作的學子，這裡可是捷徑。有一次，下雨過後，青苔正綠，兩人連袂走牆，忽地踩滑，一個摔到南海路牆外，一個跌落麵食部廚房水槽。麵食部阿姨各給一碗牛肉湯麵壓壓驚，而損害最大的，總是麵食部的蟑螂隻隻抱頭鼠竄。

曾有一名退休教官打趣地說：「要翻牆，就要有決心，跳下去就不要回頭。回頭只要被我看到你的臉，我就不得不抓你，不然有虧職守。以前我抓爬牆抓得嚴，只要在我巡邏時，被我撞見，我一定追到底。後來，除非現場逮獲，否則我就不追了……」

「噢，為什麼？」

「有一次，我追一個很會跑的小子，快追到時他竟然拐倒，踩空骨折。」
「然後呢？」
「我只好買水果道歉。哈哈……真是窮寇莫追，追了你就變窮了。哈哈哈！」
曾經，更有一名仁慈的教官抓到我班上的學生，卻對他說：「爬回去，不處分！」
「是，謝謝教官……可是，我要買冰呢。」
「幾碗？你說……」
「五碗。兩份冰要多一點。」那隻猴子上不去，教官還用手推了他一把。

一般而言，會在明道樓和格物樓翻牆的，都是新手。教官重兵都押在寧波同鄉會那一帶，戒備十分森嚴，絕大部分只能伏首就擒，都是沒看過建青「逍遙遊」的現行犯。累犯、慣犯大都神出鬼沒，到處放火，沒正面交鋒就算了。至於大門口左側，索性就不抓了，教官會體貼地說：「小心點兒，別摔著了。」讓人誤以為那名「牆上君子」是在公共服務或打掃呢！國語實小的男生最崇拜建中大哥哥，每每看到這一幕場景，都會眼睜睜地牢牢記住這一幕，深深提醒自己：「一定要鍛鍊強健的體魄，動若狡兔。不要像那位大哥哥一樣，技術太差，丟學校的臉。」

如今許多男生友校正在流行這個男生的禁忌遊戲——爬牆，建中學生反而不玩了，只是偶爾出現一、兩起罷了。我就說嘛，建中才子不是為了爬牆而爬牆，哪會逞那麼種血氣之勇？建中老老少少、大大小小的駝客是為了爭自由、爭自主而爬！現在多是晚上十點後，夜自習一結束，讀累了，抄短牆離開校門，早點回家。燈火昏黃了、老駱駝累了、老才子胖了、肚腩大了、也老了。動作遲緩，無人聞問，錄影機似錄未錄的掛在側門。

然而，這不叫爬牆，沒教官追，還能稱作爬牆嗎？

”一叟小語

除了穿窬之盜的偷兒，行不由徑、走不由門外，學生也是有門偏不走，只愛翻牆過。有人爬牆，就有人抓，不抓像話嗎？有人翻牆，就有人檢舉，不檢舉不符合社會正義。偌大的校園，教官最是辛苦。

社會人士爬牆，準不是好人，不是偷錢就是偷情。相對而言，學生爬牆比較單純，沒聽說爬牆偷讀書的。學生爬牆，不外乎遲到、好玩、方便，也算另類的成年禮。在年輕人的世界裡，身為男生不爬爬牆，還是個瀟灑的男生嗎？女生看到男生（偶爾也有女生）爬爬牆，當真會認為他罪大惡極嗎？當然校規當前，爬牆就是不對；不安分守己，就不是好學生。「細漢偷挽瓠，大漢偷牽牛」，這個想當然耳的罪名還真不小。

有大門要走大門，有小門就勉強走小門，晏嬰不願意走的小門是低了一點，但究竟還是道門。遲到已經錯了，就不要再爬牆，那是一錯再錯；眾目睽睽之下，不要爬牆，有損校譽不太風光，榮譽是學生的第二生命；學弟學妹面前不要爬牆，這是錯誤的示範。很多人回憶高中歲月，都少不了爬牆這個情節，至於什麼時候爬牆會成為美麗的回憶，那就全看你的天賦與智慧了。老夫為人師表，角色不好扮演，真的很難啟齒。一定要我表態，老夫會說：「我早就不爬牆了！」

“

志願的請舉手

「志願的請舉手！」這是真正的成年禮，做爸爸的都會點頭。

在建中執教的這三十年來，只要班上選幹部，我一直都是先說：「志願的請舉手！」尤其是高一新生或是重新編班過的高二，彼此之間不熟識，與其讓他們胡選，或逼他們亂推人下海，我寧願賭一把。是的，老夫愛賭，尤其是賭這種膽識與激情。我只選一位班長：「志願的請舉手！」不管幾位志願的，只要舉手，就讓他們逐一上台發表簡短政見。成績我不放在心上，都是建中生了，還要求他們什麼？我要有熱情、有群德、有肩膀、有腦筋、有氣概、有智識、有男人味的人嶄露頭角。領袖出爐，其他各部會首長全由他點撥。

「志願的請舉手！」沒舉手的沒關係，以後還多得是機會。

「志願的請舉手！」高手如雲，能舉手都是父母給的能力。

三十年來，由於勝算高，我經常賭贏。所以，這檔事，我很好賭。因為這裡是建中。紅樓，古老堅韌，比「帝寶」尊貴。然而，十二年國教以後，「志願的請舉手！」的未來會變成怎樣？老夫拿不準，不敢隨便發言。父母、師長、社會賢達，我們應該要佩服建中人，他們特別有未來性，但是先要在他面前大聲喊幾回——「志願的請舉手！」這是真正的成年禮，做爸爸的都會點頭。不要急著教他投機取巧；不要急著教他見風轉舵；不要急著教他不關我的事。如果你在乎社會學，社會是個大染缸，往裡一染，他兩三下就「八面玲瓏」了，不急著現在。

「志願的請舉手！」

回到我的高中時代，導師也曾這麼問。老夫雖然沒出息，「志願抬便當！」卻讓我轟動一時。當時導師給我很好的評語，常拍我的肩膀，並且每學期嘉獎一次。然而，真正的口碑其實不在老師評語的「服務熱心，任勞任怨」。我們的年代福利社沒賣正餐，每個人都得帶便當，以至於學校的蒸飯間很大，而且熱氣裊繞，有如華清池。

「志願的請舉手！」

「我！」順便將摯友吳阿然一起拖下水。

三國演義看多了，有一天，閒來無事，我心生一計：何不將女生班的便當抬到我們班上來！這樣就可以不用違反校規，同時可以讓女生理直氣壯地走進我們的教室，像模特兒上台一樣，走幾個台步，取回她們的便當。

高二開學第三天，老夫跟吳阿然同學在升旗典禮的肅穆聲中，決定起義，在三〇四教室的講台上，創造食衣住行育樂的「樂」趣，並且通令全班，午時三刻，備戰。不不不，十二點十五分。第一天落袋的便當，我倆精挑細選的便當號碼牌是「五四三八」，直覺是個特別的號碼，也不曉得她是誰？

中午時分，我們三步一崗、五步一哨，派人守在訓導處轉角，只為堵人。我們生怕意外發生，畢竟這種事可大可小，戲謔要精緻、高尚、卓越，就算失手被抓到了，也要求仁得仁，留下口碑。擔心她直接報告教官，擔心壞了大家的興致，便在樓梯口有意無意大聲嚷嚷，我們班撿到一個便當喔……逢女生經過就喊，很多女生都覺得莫名其妙。

終於有人來領便當了。不得了，是學校名花一姝。

她是三〇一班的班長、模範生。我們當下心裡怦怦跳，完了，抽到籤王。班長不是和訓導處、教官、導師關係最密切的嗎？所有人無不額頭三條線，感覺心悸了起來。不一會兒，證實我們多慮了。她見的場面多，只見她落落大方走了進來，點過頭，一如在模範生選拔時，到各班級拉票的風采，簡直是……全班興奮到了極點，班上的大茶壺都敲扁了。我們給她掌聲，瘋狂的掌聲，大男生青春的掌聲。她氣質高雅地說：「謝謝！」然後，帶著溫婉的羞澀和紅潤的朱顏離去。寂寞的十七歲們，老夫成了頭號英雄，即便不到荊軻，也有陳勝、吳廣的地位。緊張的一小時過去，風平浪靜，什麼事也沒發生，感覺教官的眼神全罩過來，可是訓導處沒廣播。看來是神不知鬼不覺，事先預估的災難沒有發生。

幾天以後，校園內的街坊鄰舍，所有人口耳相傳，完全領悟到遊戲規則，並默許這個善意的惡作劇。那個時代的女生聰明，但這一回沒人舉發。沒人舉發，那就是順天應人之舉了。我們不用再派十萬精兵固守險要關塞，不用派細作刺探軍情，不用買通女生。

近者悅，遠者來嘛！

只要隨機取樣，「撲通」一聲。就會有人掉到我們班的蒸飯籠裡，比中大樂透還刺激。而且永遠只知道班級，不知道中選者何姝？幸運兒午時揭曉，班上瀰漫著緊張、懸疑、高亢的氛圍。

從此以後，每天中午十二點一刻，期待神祕仕女成了午休的高潮。四班女生班的上半天，一節一節的煎熬，也成就了在水一方的等待。整整兩年，有的人來了五、六次。四十年後，傳出了祕辛，有人偷偷交易了幾個便當號碼牌，只要是商量好的號碼，就會有人出來「代領」。

女生不是現在才聰明的。

然而，真相為何實在是無從查考，這種作法是不對的，若真有此事的話，老夫要向大家道歉。雖然當時樂壞了我所有的哥兒們，但真正感謝我的，卻是其他女生班的仕女們。這可是後來她們親口說的。

「志願的請舉手！」這是老夫青春狂少的陳年往事。

那個年代嚴男女之大防，極度嚴防。男生、女生之間自然平添了一股說不上來的神祕感。依校規規定，同在一個樓層，上洗手間不能經過女生教室，必得要更上一層樓，或者鑽入地洞才到得了男生廁所。憋憋憋，品德憋出來了；憋憋憋，身體卻憋壞了。當時民智未開，加上我們又老實，不然應該申請國賠。而我這個志願抬便當的庄腳兄哥，談不上抓緊衛生風紀的大位，卻創造了個人的附加價值。做苦力的，腦筋一轉，也能開拓渺小的趣味。功課不佳，也能存活，在班上擁有一席之地。真的是人人頭上都有一片天，一點都不錯。在我們的年代，民風淳樸，即使輕狂也知所分寸，偷偷的來，但決不踰矩。大家都認為的雅俗共賞，才是無傷大雅的把戲，自我愉悅的調皮搗蛋，只是譁眾取寵的玩樂。沒有極優質的平衡能力，就不要冒險去走鋼繩。

下回看到老夫大手一揮，講台登高一呼：「志願的請舉手！」請你及時挺身而出。你可以大方地舉手，好歹這可以光宗耀祖，但是，腦子要清楚。不能做傷天害理的事。

「志願的請舉手！」不要猶豫，紅樓才子。

”一叟小語

站在對岸「文化大革命」洗禮過的講台，台上一發問，台下幾乎同時一致舉手，他們的中小學生都生怕失去表達的機會，大概你不說，別人就會說你。杵在台灣曾受三十年「白色恐怖」影響的講壇，任你怎麼催逼，只有幾十對骨碌碌的眼眸盯著你，完全緘默不發一語，不到最後關頭不會輕易舉手，大概是抱著「多說多錯，少說少錯，不說就沒錯」的心理。我們教出來的莘莘學子，視發表意見為畏途，心裡即便有想法，手也是永垂不朽。「志願的請舉手！」極目四望，都「看嘸人」，怎麼搞的？卻又千真萬確。君不見，學生在台下屁話連連，上了台一個屁也出不來。

在偏遠的後山長大，我們「流亡學生」出身的老師，選幹部時總是說：「志願的請舉手！」現在的「提名」、「表決」，是明箭傷及無辜。有真意願才能真奉獻，少了很多禁忌，多了很多故事。「五四三八」的便當號碼，留在我們的記憶裡，有淳厚簡樸的心地，才有美妙的便當故事。誠如文中所言「我們的年代，民風淳樸，雖然輕狂，但也知所分寸，偷偷的來，但決不踰矩。」

「志願的請舉手！」下次選幹部時，你勇敢自願一次看看，幾十年後，你也會講很多難忘的故事給其他人聽。

嫌疑犯

二十一號與七號那一班來我家喝咖啡聊自己的是非，
我又說了一遍編號「三二八九」的陳年往事，刮自己的臉。

敏感的學生事務，從訓導處移到紅樓二樓會議室討論，肇事學生的家長沒來，受害者的媽媽則是憤怒地瞠目咆哮。輔導主任與輔導老師專業地陪著笑臉，手拍著她的肩。校長還在開會，教官上上下下來回穿梭，因為這件事很棘手。學務主任與主任教官在校長室長廊另一方拉長了日影。我走到護欄旁看一園靜靜的綠，蟬響聲低，吹葉零落，一隻候鳥闖入，發現拐錯彎，騰空鼓翼，陡地穿簷角。一團雲壓下來，遲遲不去，烏氣凝凝似不可解，天漸漸黑了。

那個年代流行同性戀話題，連建中紅樓文學獎都充斥著同性戀主題，小說、散文遍地開花。江東流喜歡製造話題，向來狀況連連，這一次事情鬧得很大。班上七號長得俊俏斯文，又蹙眉又捧心，同學給他取個綽號七四七（西施七）。

江東流喜歡寫字條逗他：「我對您印象很好。您哪天有空？今天便當可以讓我看嗎？很多人想約您呢！」

字條塞滿我的辦公桌，我跟江東流談過幾次話，曾幾次委婉地制止過他。

「我孩子三個星期瘦三公斤，這種程度的騷擾你們受得了嗎？學校為什麼不處理？為什麼怕事？為什麼要裝傻？校長，如果這是你的孩子，你不心疼嗎？這怎麼上學？三天兩頭留張紙條，我兒子想不同性戀都不行了！不是他轉班就是我兒子轉班！唷！我雞皮疙瘩掉滿地。」班上七號的媽，連珠炮的舌戰，加上她尖高的利嗓子，我只有聽的分。

教官說：「江東流平常就比較孽，常常出奇怪的事兒！」

輔師說：「江同學他很小就沒了父親，媽是全職看護。」

主教說：「貴班二十一號已經嚴重影響到七號的學習，我提議記一支小過，大家有沒有意見？」

主任說：「累犯，這是一件事。此風不可長，是大事。」

校長說：「你們決定，請家長說一說，聽聽家長意見。」

受害者的媽媽說：「我不同意！」

老夫也舉手說：「我不同意！」

媽媽說：「我兒子在這個班無法生存下去，他要轉班。記不記過我不管，不是他走就是我兒子走。只要他們不在同一個班級就行，我要的不多。我只是孩子的媽，我只想保護我的孩子而已。」

老夫說：「第一個要先確認江東流的性別認知怎麼樣？會不會只是調皮搗蛋？或者故意膨風、耍寶？他父母離異得早，媽媽幾天見不到他一面。即使是同性之愛，那也是天的意思，不必當作是罪大惡極。」

輔導老師說：「他經常來輔導室，其實他也很貼心呢！我覺得，他比較像過動兒，喜歡引起別人注意。就算他有同性傾向，我們也不宜把他當成異類。我會進一步了解，事情沒有到天要塌下來的地步。」

最後，訓導主任裁示：

一、建中沒換班的規矩，班級就是小社會，要適應它。

二、請導師輔導老師教官，跟他開導，聊一聊，再議。

三、請教官通知江東流到訓導處，主教與我跟他談話。

四、請家長給他一次機會，我們都有小孩，再忍一忍。

回到四十幾年前——

高中時，我們班是全校最難搞的班，訓導處甚感頭疼。乙丁組（第一類組），功課最好，感情最好，鬧事最鮮活。只為鬧事而鬧事，沒有惡意，可是全校老師、教官都氣。保防月全校規定要做保密防諜，我們偏故意裝神弄鬼，晚上分批分責任區域，到處塗鴉，讓師生們啼笑皆非。一支筆走天下，瞎扯瞎寫、視白色恐怖為無物，什麼都不怕。查辦下來，除了少數同學外，多數人被記過嚴懲。我們覺得好玩，問心沒什麼大罪，大人們卻覺得可惡。幸虧我囤積很多大陸空飄的宣傳單，我是班上還魂丹，從可以記嘉獎到大功的各類型阿共宣傳單，應有盡有。秋冬之交，太平山山腳下，紅咚咚的紙傳單到處都是，它是救命符。雖然經常犯錯的多，沒錯的少，功過可以相抵，依然有恃無恐。

爬牆的快樂在有人追。愈追，愈有人想爬，前仆後繼；塗鴉的樂趣在我塗你來擦，愈擦愈有人塗，筆落筆起。

那個年代，大學聯考錄取率很低，我算僥倖擠上大學。同窗各奔西東，幾乎全部考取，遍布全省，都有同學。我們習慣以最便宜的明信片寫信消磨時光，互通有無。玩笑開大的，都貼兩塊錢郵票，修書往來，打屁成癮。

有一天，兩位一高一矮的刑警走到上體育課的籃球場，將老夫請走，留下滿球場的錯愕，我活脫脫像個被逮的嫌疑犯，繞著編織似網的球場，走回文學院宿舍三樓，講清楚來意後，方知同學間往返的信都被追蹤鎖定，情治人員從蛛絲馬跡的判讀中，我成了轟動全台社會重大刑案的嫌疑犯，心知不祥，趕快將幾位高中同學寄來的信件帶在身上做為保命用。走了一大段路，上了刑警的車，我忽然理解白色恐怖。兩位刑警大人雖了解我的狀況，仍請我去北市刑警大隊。

一間一間的訊問室生冷威嚴，地上亮得發光，心卻黯然。問話的刑警與遭訊問的嫌疑犯，表情簡要，迅速俐落。誰也不想拖時間，若有似無的哀叫聲，不時清晰傳來。四十年前去了一趟刑大，關於刑求的傳聞，不要問我。「矮」刑警告訴我：「我趕快幫你處理，你聽到裡面的……」我點點頭，鼓勵他盡快處理，一泡尿沉重得快掉下來。

「壞人刑一下就出來了，好人我們不會亂來。壞人不吃眼前虧，我們不會讓好人吃悶虧。」「高」刑警正經八百地說。

「嗯嗯……嗯嗯……」

他們哼哈二將慈善的語氣，要我知曉當時上刑大作筆錄是必要的。老夫是編號三二八九的嫌疑犯，當時陷入膠著的大案子很快釐清，還我清白。個兒矮的那一個黝黑機靈，笑的時候感覺很善良。他們沒多問話，把我帶去的信件當素材，紙上談兵。二十二分鐘就像二十二年，簽完名，蓋過手印，高挺嚴峻的那位揮手示意叫我快走。

「等我們組長出來，你就慘了！無代誌啊！緊返去，緊返去！」

臨去之前，高個子交給我一封尚未寄達的信。是寫給我的沒錯——

阿明啊，趕快出來投案吧！他們知道是你幹的，大批警力已經往宜蘭做地毯式的追捕，出來吧。法網恢恢，疏而不漏，浪子回頭金不換，聽我說。警方已查出凶嫌作案的工具，慣用左手的特徵……你是跑不掉了，自首才是改過自新的唯一道路……

高中同窗從士林寄過來的信。「不要亂寫信，流動戶口的信都會查。」那位留著平頭的「矮」警官四十年沒變。換了跑道，仍是檯面上的大人物。

信封左下角，鉛筆寫著「三二八九」。走出北市刑大，如釋重負，陽光很光明。這叫飭回。

一個星期不到，又有兩名刑警會同教官輾轉到宿舍。這一回是我寫的信，由於前封重刑案的嫌疑風波，這封信就不了了之了。刑警看完我的一疊信，拍拍我的背，搖頭直笑。他倆苦笑加訕笑，要我簽個名，就地結案。

「大學生，正事不幹，亂膨風，愛緊大漢……」

我很羞赧地行個禮：「不好意思……」

送走他們，那一天的夕陽落山，我智慧的花就開了。戒嚴的時代，人成熟得很快。打過一次仗，就是沙場勇士。我相信。

幾天以後——

我約了七號的母親，說了這一段自己很窘迫的故事。

「江東流只是生活乏味，一個人孤單無趣……江東流不是勾引你的孩子，他是玩弄他自己……江東流幼稚無知的字條行動，就是當年的我。江東流有他可愛的一面，他可能要人注意他。」

在老田餐廳啜飲苦澀的黑咖啡後，她接受我的說法。

十餘年，忽焉而過。

前些日子，二十一號與七號那一班來我家喝茶聊自己的是非。我又說了一遍「編號三三八九」的陳年往事，刮自己的臉。

二十一號說：「那一段紅樓歲月，我是很需要生活中的浪花。」

七號說：「那一段建中生涯，我真的是有點兒娘。」

春節大樂透加碼一億。蛇年要「蛇麼」有「蛇麼」呢！

「三三八九可能有好機會喔！」另一名同學張萬億笑著說。

一叟小語

天下事可大可小，大事可以化小，這需要高明的智慧，並不容易；小事可以化大，卻常常製造困擾，倒很常見。二十一號的故意扭捏作態，七號的敏感殷憂多愁，營造了既似疑又非疑，不必疑而入疑的窘境，導致烏雲重重半邊黑，人心惶惶一路慌。同儕議論蠭起，家長嚴重關切，其實是搞笑搞出了鬼。青春難言，痴狂無罪，其實是無傷大雅的小事。

瓜田不納履，李下不正冠，君子不處嫌疑間，不惹麻煩就不須提真相。描摹，愈描只有愈黑；解釋，愈解釋只有愈糊塗。編號「三二八九」事件，說起來是自己速禍，人都是在不自覺間習性相遠，自己讓自己成困獸而不自知。上刑大非同小可，重大刑案嫌疑犯已在剃刀邊緣。青春糗事，陳年趣聞，想起來不免狂笑，說一遍就笑一遍，玩笑還是不能開太大，承受不起就樂極生悲了。

飯可以亂吃，話不能亂說，信也不要亂寫，無聊的事最好收斂一點，不要亂做。

奧林匹亞

「為什麼上衣有的有扎，有的沒扎？沒扎的是一類組，有扎的是二、三類組。」

大陸的教育團體很喜歡研究建國中學，對岸總想揭開建中奧林匹亞的神祕面紗。這些年，來到建中的學者專家不知凡幾，浪費共產主義那麼多精神，最後還是搞不懂。世界級的奧林匹亞數學自然學科競賽，建中總是滿靶，大陸各類總獎牌數遙遙領先世界各國，單一學校來說建國中學硬是獨唱最高枝。所以他們要來，一直來，不斷地來找結論。

「你們建中是奧林匹亞集中營！」一名大學教授說。

「我們又不是鐵幕國家，哪來集中營？我們只有夏令營！」

好朋友，今天不談政治。

校方為了捍衛自由學風，不管是誰來，都只給紅樓看。教室是練兵房，走廊是康莊大道，豈容他人窺伺？永遠的紅樓二樓會議室簡報，其他的就是瞧瞧長廊。數理老師是來賓唯一的窗口，學生永遠是個謎團。

「比中南海、釣魚台賓館還神祕。」江蘇教育官員說。

「哪會？紅樓都是自由開放呢！你看校園裡，好多女校來交流，我們很開放！」

「可不可以參觀教室上課的情形？」作勢就要走過去。

「這種事建中學生很反感，他們崇尚自由學風，上課是他們的權利。你們硬闖，以後其他的團體就進不來了。」

「建中學生這麼厲害。」

「這是他們得很多奧林匹亞金牌的原因！」我說。

所以，他們只能蒐集建中生活點滴，回去好交差。下課，噴香的雞排，直教花花草草都蒙了幾層油垢。灰藍夾克、卡其制服，熙來攘往，餐飲部沒停過。邊走邊吃，他們都受不了了，讓他們進教室，豈不大吃好幾驚！窺我室家之好，免談。這麼好吃的國度，應該早就腦滿腸肥，大陸來參訪的教育團體愈研究愈糊塗。

「上課、下課要怎麼分？」

「有打鐘啊。」

「為什麼有那麼多學生，上課還不進教室？」

「有的幹部開會，有的社團活動，有的愛校服務。」

「偌大的校園怎麼隨時都有人啊？」

「人多嘛！」

「有沒有點名？」

「有，風紀。」

「老師不點名嗎？」

「台大教授不點啊！」

「有關係嗎？」

「不然考不上台大呢！所以不能常點。建中志其大，不志其小。自由民主向前走，威權鎮壓倒退嚕。」

「聽不懂啊。」

「所以，你考不上建中。」

有一年，浙江幾名高中老師前來，適有空檔，我請他們到麵食部吃牛肉麵。

「我們只有牛肉湯麵。」賣場人員說。

「那牛肉到哪裡去了？」

「都溶到湯裡頭去了……」老夫解釋。

老夫自己也不知道，牛肉都到哪裡去了？

「口味為什麼這麼淡？」

「建中學生怕胖，太油不吃。」

他們瞅了我幾眼，腦子空空然。

「其他學校的校服很有創意。建中為什麼還穿不起眼的夾克和駁板的制服？建中為什麼這麼守舊？你覺得好看嗎？」有一年，福建來的嚴肅地問。

「建中堅持傳統，他們計較腦子裡的東西，還有一點，看起來簡樸大方。」

「為什麼上衣有的有扎，有的沒扎？」

「沒扎是一類組，有扎是二、三類組。」

「……」

「這是規定，方便識別。」

「下課十分鐘排一長排買麵，怎麼吃？上課可以吃嗎？買了怎麼辦？」

「上課不可以吃。萬一買了就晚點進去，或者吃完再進去。」

「這不一樣嗎？」

「不一樣。晚點進去，有時候就不進去了。」

「建中黑糖冰，為什麼不開在建中？」

「建中學長開的。」

「這樣可以喔。」

「怎麼不行？不然通化街『總統包子店』怎麼說？」

老夫反擊了。

「你們怎麼都不問奧林匹亞的問題？」

「你不是教語文（國文）的嗎？」

「我們語文老師，數學都不錯。」

「真的？這是大問題，這是大發現。」

「我們數理老師，文化底蘊也很深厚。」

「那請問奧林匹亞……」

「你現在問，我就不想告訴你了。哈哈哈……」

幾年前，老夫陪同大陸來訪的教育人員，便是如此應對——

有問必答。（速戰速決）

誠懇回答。（不是誠實回答）

直接回答。（臨場反應）

閉著眼睛回答。（才不會失焦）

校方怎麼應對？「誠懇」是最好的策略。

「建中真的很不一樣。」

「我只是教書匠，懂得有限。難一點的，請更上一層樓，校長會給你更好的答案。」

「不一樣嗎？」

「口氣不一樣。」

「答案呢？」

「看你想聽什麼？」

「答案不一致喔？為什麼？」

「自由學府，民主學風。」

「爬牆呢？建中名聞遐邇！可不可以說一說……」

「這個問題跟六四一樣，不能談。」

好朋友不談政治，好朋友不談爬牆。

「可不可以再問你一下奧林匹亞的問題？」

「來來來，我請你出去吃建中黑糖冰……」

以上所言，純屬虛構。如有雷同，就是真的。

一叟小語

已經發行了三百多期的《建青》，每一期都有「逍遙遊」，那是建中才子的幽默語錄，內容可以是同學之間的糗事，也可以是老師講台上的窘事，更可能是師生間既詼諧又令人羞臉的趣事。本文是老師的逍遙遊，七分真實，三分戲謔，說說笑笑，調調侃侃，人生的情趣往往在沒有利害、沒有目的、沒有輸贏中偶然得之。

奧林匹亞是國高中數理自然科學世界級的競賽，對岸中學生是世界金牌大戶，建中卻是金牌數最多的單一學校。近年來，大陸的教育團體來台考察，最重要也是最神祕的一站就是建國中學。除了全方位一窺這所中學的神祕面紗外，附帶主題往往就是建中的奧林匹亞獎牌數為什麼會那麼多？究竟有什麼高妙而不為人知的訣竅，每一個團體都有高度的興趣。希望滿載而歸，但是考察研究了半天，大多是鎩羽而歸。建中不是那麼輕易可以突破的學府，自由、民主、獨立、自主，是奧林匹亞冠軍最起碼的理由。

四　學生命的價值

照規矩來

「老師，當著大家的面，您照規矩來！」

一〇二年六月天。

建中畢典，因為要上台代表教師致詞，不敢怠慢，臨出門前，我瞄了一眼臉書。「我今天要銷六支警告的銷過單，哈哈哈……」老夫的寶貝學生軟殼蟹在臉書上昭告天下。有些同學說這很荊軻，也很項籍，荊某、項某自不以為然，壯士的偉大不是這樣被寫下的。

照規矩來，我要准他。老夫中風的性格字跡，連著六個林×進一揮而就。

時間回到很久很久以前……

一名老師老蚌生珠，要我代她帶高三導師班，二話不說，我慨然答允。

在那個班上，一位資稟超邁的軍人遺族子弟特別引起我的注意。他留察，每學期檢討一次，依然一留再留，其關鍵在於每學期都是曠課超過二十一節。訓導會議，連著四個學期都是留察、留察、留察、留察。

他已過世的父親由於軍機摔落，不幸罹難，那是一起重大的空難。看了他的簡單紀錄，沒什麼特別好擔心的，就是曠課而已。我跟陳媽媽懇談多次，決定聯手防堵，因應策略是有病，請假；有事，請假；心情不好，請假；不想來，請假。

我把他叫到跟前，說：「你有任何困難就請假，老夫一定准假。照規矩來。曠課這種事很討厭。」

「我知道了。」

之後，他零零星星請過幾次半天假，只是高三上學期一結束，又是二十一節。自己做得不夠徹底，於是我力保他，說：「他的父親年紀輕輕就為國捐軀。給他一次機會……」那個年代，大部分訓導會議操行不及格都是輔導轉學，凡是建中人，其他學校當然搶著要。「留察」，那個學期兩個學生留察，他便是其中之一。

「留校察看，留校再看看！陳鐵軍。」我對著他說。

全班學生不吭聲，極少人理解他，他跟同學們保持距離，功課在後段。開學後，幾名同學大反擊，耳語不斷，不能接受老夫的說一套做一套，公理、正義、鄉愿、包庇……各種批判全出籠。照規矩來？留察、留察；照規矩來，還是留察、留察。全班同學離我愈來愈遠，可是，他不是壞學生啊！

「照規矩來？老師你的『照規矩來』，在哪裡？」有人在我桌上留下紙條。

當時，他人緣有點問題。正常的青春人生中，這一段叛逆的歲月，留察留察再留察，他理當是個另類「英雄」。然而，他自己孤立自己，同儕也孤立他。

老夫與他長談：「照規矩來！這是唯一的一次，也是最後一次。遊戲規則說清楚，二十一節就是二十一節，你要記住，希望高三下，你能脫胎換骨。不要什麼都做不好，像個男人。」

「我會在第一次段考表現給他們看，保證前十名。」他當著我的面自信滿滿地說。帶著一點氣、一點拗。

「功課，那是你的責任。我要的是團體生活照規矩來！」我也拉開嗓子。

「我知道，我知道……」

那一次段考，他果然考第十名，並且一直往前逼進，很多人受不了。但沒多久，他老兄老毛病又犯了，又不請假了。離開教室前，我拉他到走廊，老夫的聲音平緩。

「二十一節就是退學。但是你請什麼假，我都准！」

「我知道，我知道……」

「心情不好不來，就是病假；有事不來，就是事假。可以嗎？小兄弟。」

「我知道，我知道……」

他的曠課都是翻牆出去，吃建中黑糖冰。

「一節……三節……」風紀戰情不斷回報。

「我曠課……我曠課……」

十—十五—十七—十八—十九—二十。

「真的是曠課……我真的是曠課……」

「再曠，絕不留人！」風紀很嚴，同學很嚴，全班嚴陣以待我的下一步。

大家都盯著他看，也盯著我看。民心沸騰，臉譜繃得緊，空氣變了形。

兩天後。

「三節未到！」風紀說。他鐵面無私，我鐵青著臉。

「我朋友來找我。」他面無懼色。

「趕快來請假……聽到沒！」

「我沒有請假理由。」

「就請病假吧。」

「我沒生病。」

「那就請事假！」

「我沒事先請……而且我真的是曠課！」

「知進知退，我給你彈性，你不要跟自己過不去。」

「我不要讓人家看笑話……照規矩來！」他倒耙我一把。

他繼續來上課，我請他母親來校，這畢竟是大事。

「能不能就將他的曠課紀錄塗掉……」他的母親懇求。

「不能塗掉，這樣是偽造文書。他只要請假，一定准！」

「我就是沒有上課。」站在一旁的他說。

「如果是曠課的話呢，會怎麼樣？」母親問。

「按照校規，就是退學。」教官也過來了。

「我不反對。」他說。

「我不希望也不相信就兩個星期，留不住你……」

「曠課就是曠課，老師，照規矩來。」引頸就戮，脖子伸得很長。

「你再想想看。」

「同學都知道了？」

「當然會知道啊！」

「我就不要啊！知道了，我更不要！」

夏蟬聒噪，燥熱窒悶。早自習氣氛很糟，慣有的人語喧鬧，沒聲沒響。

「你想通了沒？」

「我沒有想，就這樣。」

他態度不壞，始終不壞。就這件事，執拗得很。

「一定要這樣玩嗎？明天我公開問你一次。」

「……」

「你的決定就是我的決定！」

「別麻煩了。」

「最好再想一想，別跟自己過不去。」

熱氣蒸蒸硝煙起，戰鼓頻催鼕鼕來。

一早國文課，由老夫擔綱。

「陳鐵軍，你有三堂課沒請。趕快去拿假條，教官通知了……」

「我曠課！」一聲鏗鏘，我當場傻眼。

「我不會怪你，同學也不會怪你。」

「我曠課！」義薄雲天他昂首。

「老師，當著大家的面，您照規矩來！」他永不低頭。

照規矩來！照規矩來！他凜然無懼，全班失色。

「好一個照規矩來！好。聽著，陳鐵軍是條漢子，鐵錚錚的漢子！陳鐵軍，我佩服你！但是，期末退學！」我義正辭嚴，他凜然不屈。

「……」同學臉白成一片。

「你一輩子都要記得，你沒拿到建中畢業證書。」

我的臉是熱的，他的臉是紅的。

畢業典禮他沒來，他真的沒拿到畢業證書，當年卻考上第二志願。

二十年後，他如今是某外商公司在台首席代表，成就很高，經常發表影響重大的外商投資動向。聽業界說，陳鐵軍人品一流，因為誠信、重然諾，贏得外商賞識，受到器重。拿不到「建中」畢業證書；拿到「專業經理人」人品卓越形象。

我沒有後悔最後的堅持：「照規矩來。」

臉書宣告天下，要銷六支警告的軟殼蟹，老夫照規矩來一一給你簽了。
二十年後，你會是一條漢子嗎？一個鐵錚錚的漢子嗎？
二十年後，你會是那個拒絕平庸的「風沙渡」隱士嗎？
二十年後，你是不是像從黃土高原一路走來的俠士呢？
我可以再等你二十年，我真的能等，我等，等你給我看。
二十年後，你能像那位拒絕平庸，堅持做自己的學長嗎？
我很想知道，「照規矩來，還行不行？」
我想再賭一把：「照規矩來！」

一叟小語

「照規矩來！」陳鐵軍腰桿直挺、不畏退學，不是跟我賭氣，也不算和同學敵對。他有他最聖潔的靈魂，堅持自己的事自己負責，不搖尾乞憐、不仰人鼻息、不縮頭縮尾。「誠信」對待良心，「篤恭」要求自己。他踽踽獨行人生路，他寂寞孤單走天涯，也是孤僻，也是聖潔。

「照規矩來！」軟殼蟹熟稔校規銷過條例，身段柔軟，頭能點到地。他不斷從技術面進行攻防：「我雖然沒有好表現，可是我沒再犯大錯。老師，我都合乎銷過的時間，給我一個機會，別這樣，銷不了過，將來怎麼做人？」天漸黃漸黑，畢業典禮即將開始，銷過後，軟殼蟹爬到紅樓二樓屋頂上，照了一張漠視校魂的「Ya！我站在這裡。」並公布在臉書上，我沒有驚動他，在代表教師致詞中，老夫語調鏗鏘地說：「人生只有走出來的美麗，沒有等出來的輝煌。站在海邊望著海洋，並不意味著你過得了海洋。紅樓才子，你要站在靈魂的肩膀，才能向智慧的人生靠岸。」

街頭政治家

【第一次出手，是在高三上，他帶領全班四個、四個沿著南海路走出校門。】

「花龍」罷工案還在燒、燒、再燒！我那「小巨人」學生來了。老眼昏花，依稀彷彿，我看到一個熟悉的影子——個兒不高，影子很長——他是可敬的街頭政治家。

看上去，他的神情流露出幾分劍膽，也有幾分溫文，有幾分俠氣，也有幾分睿智。睥睨庸世渾俗，又有幾分謙和的質地，那對眼眸分明是建中大漠駝客的印記。一個正宗走上街頭的硬漢——二十幾年前那聰敏絕倫的小巨人，塵土陰凝，染了幾絲風霜。沒了綸巾，少了羽扇，老夫願意遙寄一碗壯士才喝的酒。為正義，酒氣讓他搖旗吶喊，聲嘶力竭個夠。壯士有膽，出門理應帶上一罈酒。香不香，沒關係！頂天立地就香了。

他像虬髯客——

聖賢起陸之漸，際會如期。虎嘯風生，龍吟雲萃，固非偶然也……此後十餘年，當數千里外有異事，是吾得志之秋也。一妹與李郎可瀝酒東南相賀。

……

適東南蠻入奏曰：「有漁船千艘，甲兵十萬，入扶餘國，殺其主自立。國已定矣！」靖心知虬髯得事也，歸告張氏，具禮相賀，瀝酒東南祝拜之……

這一回街頭運動，組織嚴密，井井有條，很有智慧，準是他。他來了。他沒這麼神話，在我心目中卻比那個大鬍子偉大。我說的是他有一等一的智慧——識時、乘勢、致用。

他跟虬髯客避真人唐太宗，聽道兄之言去「他方可圖」，很不一樣！至於「乃知真人之興也，非英雄所冀，況非英雄者乎？人臣之謬思亂者，乃螳臂之拒走輪耳。我皇家垂福萬葉，豈虛然哉？」這些話有毒、很毒，比毒死李後主的牽機藥還毒。

封建獨裁的時代過去了。我受業門下三十餘年的老師愛新覺羅毓老，他後半生潛隱台北，私塾設教六十年。他說一生守著乾卦初九「潛龍勿用」這一爻——龍德而隱，是一條知進知退的潛龍。他知道，他的「時」過去了。藏道於民，走完孤獨的一生。

老夫的學生「街頭政治家先生」，潛藏二十幾年，他來了。他也知進知退，有最靈敏的政治嗅覺，有最正義的浩然胸豁。向銀行借了一些錢，他在一個有文化、有境界的地區，老鷹初啼，當選了地方民意代表！

「老師我沒有花一分錢賄選。」沒有大黨沒有大派，他是兩翼孤高的雄鷹。最昏暗的時代，真的有最清明的血性男兒。

第一次出手，是在高三上，他帶領全班四個、四個沿著南海路走出校門。

一九九〇年，海峽對岸的學運發展成六四政治事件之後，台北三月十六日至三月二十二日的三月學運——野百合學運，也有人稱之為「台北學運」，台灣的大學生在中正紀念堂靜坐聲援。藍白的鮮亮建築物，坐滿了熱烈的大學生。南軍北運，一起集結。口號不絕，手勢沸騰。

「第一回感覺走上街頭是漂亮的，活活脫脫，大學生像個大學生，在天理良知的關鍵時刻，大學生們選擇離開校園，他們不上課了。」街頭政治家高亢地說。有點複雜，也有點頭疼，教育當局則是頭腫了起來。

時間回到民國七十九年三月二十日。

三〇三、三〇四兩個班級浩浩蕩蕩出發了，春風未脫稚氣，灰藍夾克一族。在一樓走廊騷動。火，野了。那一天早自習時，班長來找我，想借一步說話。

「大學生靜坐這麼久了，老師，您個人以為如何？」炎黃世冑，為民主自由，發自肺腑，是從忠肝義膽來的。

「老師，如果我們也去，您認為如何？」英雄出少年，這是年輕人的熱血。

「沒什麼不好，精神上沒什麼不可以，你們夠聰明。校規上嘛要再研究研究。不過，最好放學再過去，如果是我，我不會穿制服。」老夫入其彀中。

「老師，我知道您的意思了……」這麼快就知道了，我還沒想好呢。

「這是大學生的活動，你們未滿十八歲看看就好。」則是我想講而未講的話。

「易水邊」猶寒，「南海路」淒清。英雄豪氣，從秦末冷吹到了現代。劍膽琴心，從兩千多年前直接奔瀉而來。那天上午，我家二犬即將出生，走廊小巨人與老英雄交手之後，老夫直奔婦幼醫院。老夫不在「家」。

下午天不熱，熱血滾滾。血性戰士，傾城而出。南海路成一條「兵」河。兩個班級背著書包，四個、四個標齊，「一二一！一二一！」往中正紀念堂去。十分紀律，叫人難以相信，平常升旗隊伍都像跳蚤舞曼波。

聽說消息走漏，教官第一時間攔人，英雄不怕出陽關，銳氣全開，教官也是熱血男兒，攔著攔著，出去了。自由的建中校門，讓民主的小娃兒做先鋒。大方凜然，雄赳赳挺走出校門！他們口號喊得震懾八方——「建中大學化」、「靜坐救民族」……建中有建中的野百合，他們自己唱自己心中的那首歌。大學生坐大學生的，建中玩建中的，他們不和稀泥，也不大鍋炒。春風像秋風，南海路的節氣亂了，嘯吶高亢。

按照過去的經驗來說，「爬牆」、「闖校門的」，都不是很好的蛋。

第二天早上七點三十分，莊敬樓四樓進進出出，學校召開緊急導師會議。大家長校長斥責學生目無法紀，痛批一窩蜂，他們懂個什麼！（校長是流亡學生，什麼沒見過，他真的懂。）校長對這兩個班級的熱血義舉很感冒，老夫跟姚老師當下明明白白被刮了好幾頓。

「大家覺得該記過呢？還是曠課處理比較好？這件事不處理，以後就無法無天了。」理論上而言，校長說得沒錯。

三〇三姚導師站起來說話，口乾聲音不太亮，清清喉嚨。「記過或曠課都不妥當，但我一時還想不出辦法。」姚老師見多識廣，這一槍很響，啥都沒打到，話講完了。高明。

「狀況特殊……去靜坐的高中生很多，但是有組織的只有建中，這才是棘手之處。」校長語氣緩和一些，對於對岸的形勢是有期盼的。別忘了，逃難他吃多少苦。「老師們不覺得該表示一下意見？」校長看看大家。

看待對岸的學運，大家心裡有莫名的喜悅。好像號角一響，馬上就要那個的樣子。校規不能破例，矛盾又矛盾，兩難且兩難。

老夫說話了，那一年我三十六歲。

「昨天一大早，班長曾事先鄭重跟我討論過這件事。他們感受到國家民族面臨危急存亡、重大變革的關鍵時刻。他們真心想去廣場支持一下，動機簡單，也沒什麼特別的組織計畫，班長平常做事就很有腦筋，做什麼事都十分精密。」欲停未停我接著說。「我暗示他放學後再去，那是大學生的場子，可能我表達得太平淡。他說，建中應該大學化，我們有智慧一起去搖旗吶喊，這一點我佩服。」

「你講過了，那更好，那就更有理由處分了。」校長這下更為篤定了。

「報告校長，可是我沒說不准去，我沒說去了要記過，我沒說去了會曠課。」連開三火……現場頓時鴉雀無聲。

「他有問，我沒答清楚，真處分了，這叫不教而殺謂之虐。校長，是不是？」

「那……當時你在哪裡？」原來這很重要。

「報告校長，我生小孩……」全場爆笑。

「我真的去生小孩，我太太生、我太太生……」感謝小兒子生的是時候。「如果茲事體大，我是真的有錯，真要處分，那算我的。因為我沒有嚴峻嚇阻，不能算學生的。公理、正義、規矩，都要教，有些從經，不可造次；有些從權，便宜行事。這個情況太特殊了，他們不是翻牆去吃冰，不是蹺課去打撞球……」

「這種事還是要處分，以儆效尤啊！」校長已經很平靜了。

「我是真的沒有處理周全，學生動機單純，有紀律，沒亂搞，比任何大學生都要嚴明！」我反而振振有辭。

「大家再想想看，集思廣益，集思……」校長苦笑。

「校長電話……」祕書處工友大聲說。

校長回到開會現場宣布，「教育部毛部長來電說，昨天高中生的事統統不予處理……」台下師長們有人大聲叫好。

「那就這樣吧，謝謝各位，大家辛苦了……」很多人掌聲響起，謝謝毛部長，一名善用政治頭腦的科學人。

那兩個班的班長是孿生兄弟。一門雙傑，我打從心裡欽佩他們，他們不是為私利走上街頭，乾乾淨淨的自由連線，理直氣壯的民主沸騰。二十幾年過去，他仍蟄居最平民化的政治板塊。

走上街頭的「花龍」抗議事件已經落幕。如果智囊是他，他絕對是第一流的智慧王。我了解他，他是為正義奮鬥的街頭政治家。他是條漢子，打開歷史不太多的血性漢子，五千年一路數過來，很快可以數盡的漢子。

萬般不與政事同，不必每一個人都投入政治。沒有膽識、智慧、氣節，就算想玩也別玩。全班走出去，就校規而言，老夫很錯誤。全班走出去，就理想而言，班長很膽大。

事發之後，全班都有幾分慷慨激昂的氣概，早一百年這些人都可以搬進黃花崗陵園。那個班的紅樓才子肩膀特別牢靠，個個都是血性漢子的模樣。電視上一閃而過的那個人，應該就是他。從山裡來的？從海裡來的？從正義來的——那位老夫管他叫「小巨人」的好小子。

如果虬髯客是海上漂泊的政治家。

那麼班長就是街頭闖蕩的政治家。

”

一叟小語

走向街頭抗爭，在台北並不是新鮮事，藍綠街頭別苗頭，這是慣看的戲碼，也不稀奇。一九九〇年六四後九個月，台北野百合學運在中正紀念堂熾烈展開，熱呼呼的搧不下來。我的小巨人以「建中大學化」的口號，在中正紀念堂的角落獨鳴清標，想像他們四個、四個標齊，背著書包，冠冕堂皇地走出校門，為建中理想而走的畫面就歎為觀止。理想建中的理想，獨醒建中的獨醒，他們不攀附學運做個拖油瓶，駝客測他們的風向，才子鳴他們的孤高。

我佩服的是他們不隨波逐流，堅持跟著良心與靈魂走，只隨著自己的河，划自己的蘭舟。他們不借力使力，不借殼上市，借他人酒杯澆自己胸中塊壘，不是建中人正統的豪情。大德敦化天下，小德川流不息，只要是對的，每一條江河都是浩浩蕩蕩、波濤萬丈的。街頭政治家不是用來悲壯的，有朝一日水到渠成，堅持天下蒼生福祉的歌，會唱得清新響亮。一般情況下，高中生放學再去灑青春的熱情，鳴天下之不平，還是老夫不變的說法。

“

哈佛小子啤酒藍

「這一生我只做『科學家』這個夢！」他高二的週記這麼說過。

「台灣醫師一年一千多人，科學家可能只有一、兩人。」啤酒藍說服出身澎湖望族的父親，全身投入理論數學。個頭精簡的他，放棄唾手可得的台大醫科與台大電機。小巨人的堅毅，放長了百年建中才子們綿遠澎湃的身影。十八、九年前我接下正熱門的建中樂旗隊，建中小駝客課業若不是班上前十名，沒資格參加遴選。樂旗隊人數百來人，二、三類各有一班，一類則散居各班。我帶二類組，生物名師孫老師帶三類組，總其事的是陸教官。

第一次見到啤酒藍，我印象很深刻，他個兒小，一臉稚氣。不久後知道他吹長號，俗稱伸縮喇叭，總是排在前頭。剛毅的眼神，穿透力強，伸縮有力像劃出的刀削麵條。個頭小趨步如飛，自信如虎，肩胛骨威猛地一起一落，不似建中人悠哉慢哉的浪漫節奏，當時他只有十四歲，連跳兩級，原本該是國二生，那件灰藍夾克太寬綽了。跳級讓他榮耀，也讓他困擾，生活細節總是格格不入，課堂上該笑的時候不笑，沒人笑時，他噗哧噗哧猛笑。拖著數學天才的名號往前闖，他很後悔被貼上那個標籤。來到巍巍紅樓後，他告訴我，這三年說什麼再也不跳級了。

明明是一等一的數學天才，啤酒藍硬是進不了數理資優班，他失望極了，決定要好好玩他的樂旗隊。真正的菁英被拒於資優之外，資賦優異頓時氣餒，他懊惱。奔走多回，礙於資優甄選法規，他只好以自己的方式卓越，自己慢慢偉大，沒事有事，他都在活動中心樂旗團練室，來回伸縮他的長號。

一個人自得其樂地一伸一縮，他抓住長號的音色律動，自己扮演強者吹奏，也扮演隱士悠悠嘯傲山林，長鳴圓潤他天生的淳厚高貴，高亢激越他內心的豪氣干雲。在舒緩的音節中，他能加重展現出長號威嚴莊重的神韻；在快速的旋律中，他也能偶然演奏出靈活調皮的忘我。強奏聲起——宏亮的時候宏亮，輝煌的時候輝煌。弱奏音下——圓潤的時候圓潤，柔和的時候柔和。至於一鳴驚人，他要在獨唱最高枝時才籟向天際。

當認證的資優生攜手競逐在醫科、電機的熱門浪潮，他念茲在茲堅定做他的科學夢，他是數學天才。長號是他的出口，一伸一縮就是收放之間的進退。我這樣對著他說：「要做天才夢，別戀資優情。」

有一回我出的作文題目是「一個小人物的故事」，他離題了，全以邏輯推論，建構小人物的成分、特質、價值，老夫於是找他來談。

「啤酒藍，這一篇你全離題了！這篇只能給你工本費『C+』！」我嚴肅地說，指著批紅了的稿紙。他笑苦了，手一逕摸摸頭。

「啤酒藍，你的推理縝密，超乎我的想像，這一篇最後我給你『A+』。從文字的緊實密度和特出的邏輯思維看，你是個天才。」老夫換一副面孔。他笑開了，手還是摸摸頭。

國文老師發現數學天才，他很吃驚。

作文可以感覺數學潛能，我真天才。

當年憑恃著聯考數學單科成績優異，改念台大數學系的樂旗隊員阿民回憶說：「我憑著大考數學九十幾分，旋轉門改入台大數學系。沒看他讀書過，他卻總是班上第一名。楊教授的課修得半死，經常都是六十分低空飛過，別人當了一屁股，他老神在在就是一百分。跟他同班很受傷，大學生活都是黑白的。年紀比你少那麼多，分數卻比你多那麼多，這是什麼世界啊！」這位謙稱經常低空飛過的樂旗隊學生，畢業後很快考上了精算師。

某教授說：「你是天才，可以提早畢業進研究所。」

啤酒藍說：「我不跳級，我要享受完整的大學生活。」

他是道道地地的天才，啤酒藍也要真真實實的人生。

二〇〇三年二月，啤酒藍獲得哈佛理論數學博士班全額獎學金，打敗中國大陸、日、韓高手，取得只開放三個外籍名額的入學許可。當年資優跳級、再跳級，求學路上他並沒有太多喜悅。即使GRE，他獲得二四〇〇分，他也只是淡淡地笑。

他曾經說：「一路上除了靠著老師指導，最重要的還是憑著努力自修才有今天的成就。求學過程因為不斷地跳級，其實十分孤獨。我最感慨的是，在我最青春洋溢的時候，被數理資優班拒收，台灣的反菁英教育環境我一輩子都很難忘。雖是一葉扁舟，哈佛取得博士後，有機會我仍然願意返台貢獻。」

二〇〇三年以前，十五年來台灣學生得以進入哈佛理論數學研究所博士班的第一人，他要完成十五歲立下的夢想。

「這一生我只做『科學家』這個夢！」他高二的週記這麼說過。

他自修法文、德文，鑽研深奧的數學領域，深造有得。以國內鮮有人專攻的「代數數論」做為論文研究主題，寫成一篇厚達兩百六十幾頁的碩士論文，令師生咋舌，台大數學研究所某教授在口試結束後，激昂地說：「Kai-Wen Lan 畢業後，我就不收學生了……」

他的父親經營航運有成，問啤酒藍要不要回來接家業？啤酒藍不改初衷，說：「這一輩子我只想當科學家。」

藍爸爸說：「他現在受聘於美國普林斯頓大學當數學教授。從小就有數學天賦，沒上過補習班，數學卻一直跳級。他是天資加上努力，跳級資優，讀書路上，沒有任何僥倖。GRE考高分，那是他花兩個月的時間整本背下的成果。」

簡單講完，他露出靦腆的微笑，那是做父親永遠的微笑。

「林老師，凱文說，到你家喝了很多的麒麟啤酒，是真的嗎？」

「是真的！同學足不成步，他挺著他的小肚腩，喝不醉他！」

「啤酒藍」三個字，在建中、在台大、在哈佛、在普林斯頓都沒人提過。藍教授本人也沒聽過，這是我的老婆、他的師母取的，僅隱密地流通於我們夫妻之間，天下只有兩人知情。因為樂旗隊班就讀大學期間，他們曾經來寒舍小吃大酌一頓，哈佛小子當時喝了麒麟最大桶裝的啤酒一桶，因尊之為「啤酒藍」。

長號悠悠，那手臂特短、個子特小的大號啤酒肚，都是吹出來的。

澎湖不是只有出產潘安邦外婆的澎湖灣。

當年還有一名數學天才從澎湖悄悄走來。

一隻小語

啤酒藍現職是明尼蘇達大學數學系教授。二〇一三年八月三日，啤酒藍返台，約我小聚。老夫攜大犬、小犬，他的建中學弟們，在「百家班」大啖生啤鮮蝦。他一貫敦厚誠篤的說話：「老師，很抱歉，回來快半個月了，今晚才和老師見面。因為在中研院數研所進行了八個場次的系列演講，無法事先安排。明天跟爸爸吃飯，後天就要回美國了。」收下他送老夫全看不懂的博士論文，一夜盡歡，他只有三十三歲。

「台灣醫師一年一千多人，科學家可能只有一、兩人。」啤酒藍以堅定的語氣，表述自己的立場，說服了希望他繼承龐大祖業的父親。從十五歲起立志當科學家，自始至終一以貫之，從來沒有改變一生的築夢與抱負，這是何等的氣概凌雲！這是何等的堅毅卓絕！如今想想，地位有了，價值卻不見了，會多麼遺憾；追求價值卻找不到路，將多麼沮喪。所以，一生當中找到職業，還要找到志業，找到志業，那麼這個職業就有了崇高的意義。啤酒藍知道自己要什麼，知道夢想在哪裡！能主宰自己的人，就能懂得昇華自己，理想不是掛在嘴邊就能兑現，太陽雖好，還得要你親自去曬，才能充分享受溫暖。堅持理想的人有福了，因為你將不斷超越自己；成就美夢的人有福了，因為你將一直陶然忘機。

啤酒藍，老夫以你為榮！

"

教我誠實的老學生

「你真的希望我們做假嗎？我來讀書是為了說謊話嗎？」

「老師，給誠實一個機會。」
這是老學生給我最好的教誨。

日前在台中市惠文國小，被我的第一屆學生操了一天。他現職台中某協會要職，邀我為所屬團體做在職教育訓練。他在介紹老夫出場時，酸了我一頓，報三十幾年前之仇。他說，我在他的母校教一年就落跑，同學們頗有失主之痛。我巡迴分享多年，從來沒遇過一天排七小時的演講。這還不打緊，從簽到上課、下課，十分嚴格，真服了他。

他只小我九歲，鬢髮比我白，看到學生漸漸老得跟我差不多，心裡暗暗偷笑。不由得想到，子路也是小孔子九歲，他和子路很像。這樣說是貶他呢，還是抬舉我自己？子路的性格直爽、勇敢、重然諾、忠於職守，超像他。

可別忘了子路是孔門四科十哲之一，二十四孝中負米事親的季路，這名政事科的高材生，常常直言挑戰孔老夫子，孔子很頭大。以現代的話來說，子路兄經常在教室內質疑問難，狀況很多。這典型是教室裡的風暴，子路經常是麻煩製造者，敢說、敢做、敢衝。這位老學生，當年也不遑多讓。

民國六十九年，我開始擔任教職，就是在成功嶺山腳下的一所中學，這是地利之便，因為我剛從成功嶺叱咤風雲下了山。我說，他跟子路一樣，是指他經常為請假跟我「魯」半天，這在班級管理上很棘手，私立學校請假要有醫院證明，要求導師管理必須到位，不可以打折扣。

這位老學生是台中市某職業工會理事長。官大，長相粗獷，是那種見一次面就不容易忘記的特種面貌。當時的他，由於是補校生，白天在汽車修理廠上班，常有請假的情形，他每次請假都沒有醫生證明，很難溝通，他又不願做假。我說，校規的規定很清楚，照規矩大家都很好辦事。幫幫忙嘛！

他一把嘴刀堵死我——

「大部分同學的醫院證明都是假的，假證明到處都拿得到。其實我們有時候真的是上班太累，需要休息。如果你一直逼我拿出證明，我只有休學不讀了。老師，你嘛幫幫忙，我都是很誠實向你報告，你真的希望我們做假嗎？我來讀書是為了說謊話嗎？老師，給誠實一個機會……」

當晚回到單身宿舍，我心裡很痛：他說的正是補校生的苦。

第二天以後，我在班上宣布：只要誠實以對，假條統統准！可惜不是所有學生都理解我的用心。從此以後，假單愈來愈多。當然渾水摸魚的，也不在少數，期末時，我的班級請假次數全校第一，因此還被訓導主管狠狠刮了一頓，如果沒有離開，恐怕也不會續聘。

直到今天，我班上的學生請假規則，就是「誠實」。任何人的話，我都相信，大家以誠相待，但是不能欺騙老夫我。說一次謊，我就再也不會相信你，放羊的孩子沒有第二次機會。「誠實」教育，是他教我的；人性化管理要從「誠實」開始。

後來——

子路因蒯聵之亂在衛國殉難，遭亂臣殺死而且被剁成肉醬。本來他不用介入此事，大可一走了之，最後卻選擇身殉。雖然應了孔先生說的：「若由也，不得其死然。」大弟子死得悽慘，仲尼覆醢於子路，自然是很悲慟的。

我的老學生為了杜絕工會的弊端，強力整頓，踩到紅線，傷害到別人的既得利益，竟莫名其妙吃上了官司。為正義伸張，為公理鋤奸，還要顧慮明槍暗箭的八面埋伏。

「訟，終凶。」無論是輸的、贏的，最後都不是清心吉祥的。但是碰上就碰上了，捲起袖子為真相、為真理力爭到底，這是他的信念，也是他的騾子性情。

子路好勇過我，無所取材。孔老師曾狠狠罵過他一頓，但他並沒有把子路罵得比較聰明。老學生剛正過我，此心光明，老夫給你輕輕敲一下頭，要用腦子做事，不要硬幹，不知他有沒有聽進去。

子路小孔子九歲，他過於好強，因而失其中道。

老弟小老夫九歲，你正直無私，務必知進知退。

你們對司法有意見，我不完全同意，老夫有很多學生是法官。

你的心情我可以同情，模擬劉鶚兄的辛酸給你冰鎮冰鎮一番。

讀《老殘遊記》，仿劉鐵雲筆意——夢睹庸官貪墨現形記——

法棋難圍，步步為營運勝局，深諳宦海精奧！能左能右，直達星雲，無礙刀筆路。

民膏易斂，高高在上聽冤鼓，豈識烝民尋常？不中不正，日下江河，有虧天地心。

這只是安慰劑，你要更聰明的表白你的清白。用你教我誠實的方法，字字句句從肺腑說出。法官也會「給誠實一個機會」。

一叟小語

課堂上「誠信」講得震天價響，人人盡知這是最簡單的修為，也是最高明的智慧。教學生做得成一個人，是啟蒙的基本價值；做得到頂天立地的人，那是人格的昇華。方正為人，圓通做事，做人不就是這麼回事嗎？「精誠所至，金石為開。」整個社會都說誠實是最好的策略，反身而誠竟然那麼艱難。二〇一三年多數人認同的「假」字，十分諷刺。

校園外，「爾虞我詐」，步步驚心，人人皆知誰也沒有討到便宜，「人之視己如見其肺肝然」，騙人很少真正達到目的的。「所謂誠其意者，毋自欺也。」欺人沒本事，自欺很內行，這是今日社會血淋淋的寫照。反省力式微了、自覺力迷失了、誠實力蕩然了，我們拿什麼來崇高我們萬物之靈的本心？

好人、壞人都喜歡與誠信的人做朋友，「不誠無物」是千真萬確的原理。每一個人的眼光都是雪亮的，這是天賦，誰也騙不了誰。可是啊，為什麼誠而明、明而誠的誠信，變得這麼不容易了？

五 學求生的韌力

小爸爸的天空

「同學，一失足只有千古恨，
很多事真的無法重來。」

「老師，我要申請免勤。」

「住得遠喔？單子呢？」

「我有小孩。」

「噢……」老夫傻住了。

返校日他沒到，開學是註冊日，一進門就選定右後最遠的座位坐下。不應該有的滄桑，全寫在他眼瞼上，藏不住的血絲發亮，微紅交錯糾結。眼窩深陷，像個沒精神的老頭兒。他是一名復學生，比一般學生多兩歲，當年一起考進建中的，都上大學了。

老成，被現實的金風催熟；輕狂，被晚秋的夜雨滌盡。我點頭了，簽名同意。

「我不會說出去……」我說完，他沒多說。

第一篇週記從國內外大事欄開端第一筆，金剛怒目式的文眼，就是「去死死耶好啦！」驚悚的字眼、血染的忿氣，像怒潮在翻騰。

「你爸爸、媽媽怎麼教你的……您們老師怎麼教你們的……這麼丟臉的事，大家怎麼活下去……」她媽媽怒罵我，罵不停的祖宗八代。

「我們怎麼教你的……你們怎麼可以這樣……肚子這麼大了，要怎麼拿呀……」她媽媽哭憐她，哭不完的無恥丟臉。

「去死死耶好啦！去死死耶好啦……」她爸爸大地一聲雷！

在客廳，我們雙腳跪齊齊，觀音大士在上頭，她肚子微凸，我緊握她的手。

「我一定負責。阿伯，我一定負責！」我十六歲，當了小爸爸。

週記的評語欄我沒打等第，老夫寫了兩句話。

你很勇敢，責任就是愛。

發週記那一天放學，我們在舊理髮部的大樹下聊了一個黃昏，我說了另一個「去死死耶好啦」的故事給他聽。

我高二下那一年，鄉裡發生了一件上吊自殺的命案。

我們都認識的朋友，一個名校高材生，一個是高商女生，兩人偷偷交往，沒有人知道，哪裡約會沒人見過。四十年前，年輕人都透過信件傳遞愛苗，膽子大的，或者情愛不得不昇華的，偷偷夜渡。

我們前一村和後一村的愛河糾纏，後來聽說每個週末的黃昏，靠山邊那一條電火溪旁，是他們愛情的河床。女主角變胖，最後掩不住新生的躍動，隔壁鄰居聽到父母強力的訓斥。

「下死下症，叫你老爸、老母怎麼做人？」媽媽哭著罵。

「去死死耶好啦，去死死耶好啦……」爸爸痛心地喊。

一句「去死死耶好啦」，結果，這名獨生女自縊身亡。那個年代很難交代，很難活下去，活著很沒顏沒臉。讓她「去死死耶好啦」的男方家長，敦請村長出面懇求冥婚，以謝逆子之愆，她的父母沒答應，狠心讓她悲壯地走。

出殯那一天，送葬隊伍冷冷清清，連一團樂隊都沒有。「去死死耶好啦」的男友，在出殯隊伍一百公尺外，他低著頭，跟著，送她最後一程，眾目睽睽之下，他認錯，跟著上山。

「後來呢？」小爸爸問我。

「『去死死耶好啦』男友，一生未婚。」

「很遺憾……」

「你的遺憾比他勇敢。」

他抿著嘴，我們很久都沒再說話。

我們班上好像多了一個大人。他喜歡跟老夫說話，私密的事不太啟齒。週記的心內話卻若隱若現，偶爾就會來上一段。

> 父母很早就離異，和祖母居住，現在我一週三個晚上打工。週六、週日上小學生家教。老師上課說的男嬰奶粉該買見兒樂，錯吃愛兒樂的糗事，很有趣……但我孩子吃味全，活得下去就好。勇敢，很不容易。

班上的讀書風氣並不好，風紀股長很腐敗，帶頭違規。經過三個星期的攻防，正義公理這一方完成罷免決議。（我安慰遭罷免被廢為庶民的同學，期末我會敘獎）班長主持重選新的風紀，「小爸爸」主動舉手「我志願」。

掌聲如雷……（時間已經來到了第二次段考前。）

整頓之初，阻力不小，小爸爸銳意改革，大刀闊斧。很多人唉唉叫，週記批鬥的、黑函滿天飛的……不滿一方的小團體力量升高，敵對的氛圍漸漸形成。

「風紀股長，你把我們當什麼？這裡是建中，不是成功嶺，不是中坑，不是斗煥坪，這裡不是軍中，別把我們當阿兵哥，你把自己管好就好了。」

「復學生，也好不到哪裡去……」有人輕聲挑釁。

我站在窗外看風景，耳朵伸得很長。教室像立法院，緊張，心頭不安，我往外退。

忽然，他脫下衣服，身上一條龍飛出，全班震懾。

「同學，這樣好看嗎？這是印記……揮不去的印記！同學，我是你們的學長，我是復學生，家裡有變故，大家多包涵。前年，我比你們不聽話，現在我比誰都規矩。以前我比你們更是糟糕了，你們幹過的，我全幹過了……我是有小孩的爸爸……知道嗎？孩子吃奶，半夜你要不要起床？換尿布，你可以賴床嗎？孩子哭了，當爸爸的，你能不起來嗎？半夜發燒，急診看醫生的心焦，你知道嗎？」

聲音高亢，眼刀橫掃。他聲音放低，講話速度慢了，有些話哽著出不來。

「左鄰右舍指指點點，自己不知道嗎？冷言冷語的滋味，你們知道嗎？同學，一失足只有千古恨，很多事真的無法重頭來。負責不是我願意承擔就可以了。要做對的事，不要走錯的路。我可以修正，同學不能不改變……」

大家默然。班長杵在一旁，等我講評，這時鐘聲響了。

「好，回家。」老夫老手一揮。

有一次升旗典禮，風紀股長在點名，一時心血來潮，我問他。

「你貝比，還好吧？」

「阿嬤帶，很好。」

「孩子的媽呢？」

「生完沒多久……不見了……跑了……」

「……一心一德，貫徹始終。」國歌唱完，老夫偷偷瞧身邊的他一眼，眼角閃著光，紅樓泛紅。

或許小爸爸的孩子，若干年後也會在建中操場升旗行列中，他也會很喜歡唱「東海東，玉山下，培新苗，吐綠芽……」

一叟小語

兩件「去死死耶好啦」的故事，在那個還算講究家法的年代，在普羅大眾的眼裡，顯然都鑄成了大錯。一個釀成大禍，真的「去死死耶好啦」了，那是無可挽回的悲劇；另一個忍辱負重，沒有「去死死耶好啦」，仍然付出慘痛的代價。很多事可以改過自新，也有很多事錯了就錯了，一點機會都沒有。

「浪子回頭金不換」、「回頭是岸」，是鼓勵重新做人的名言，大家也都耳熟能詳。但是實際人生中，「一失足成千古恨，再回頭已百年身」的古訓，卻是更真實的警惕。顏淵「不遷怒，不貳過」的「不貳過」，是指有損個人德行的缺失，不是指有損於他人的過失。「防患未然」比「改過遷善」重要，很多事都起於至微而發展到不可救藥的地步，可怕的是，時一過境就遷了。

學長與學弟成了同學，歷盡滄桑與少不更事，更成了難以言詮的微妙對比。〈小爸爸的天空〉，學長給學弟一次晴天霹靂的驚悚，教大家一時啞口無言。人生不是每一場教誨都是百分百成功的，畫面留下，真誠留下，情誼就生根了。歷史最大的價值就是經驗教訓，歷史最大的悲哀恐怕也是沒人記取教訓。感謝「小爸爸學長」那一課，我永生難忘。

"

合掌之誨

【搶救的儀器聲訇訇然，雙掌合十，母子獨處十來分鐘，然後她緩緩走出。】

老夫的痛風發作，一跛一跛地走進台北市立和平醫院。左腳大拇趾豈止隆起如粟，簡直紅腫似麵龜，我躺在急診室的病床上。這是四十幾歲的事。

某日申時一刻，驚詫一瞥，怎麼了？只見校長及主任們等行色匆匆一擁而入，直奔急診室而來，接著主任教官、教官也衝了進來。我一隻好足拖著一隻歹腳，好歹踮下床，跟大夥兒示意我在這裡。他們看到了沒過來，看起來出大事了。

原來是高三學生休克，正在搶救中。三年某班同學們穿體育服的，穿灰藍夾克的，有站有立、有蹲有坐，個個面如槁灰，全失了神。學校高層全進急救室，電擊有節奏地搶救，體育老師、班導、輔導教官、輔導老師，面色凝重。

由於班長我熟識，我瞬目示意，他朝我走了過來，壓力會壓死人。

「體育課考一千六，鐵甲武士跑昏在地，大家各跑各的，他突然仆倒，沒有人注意，後來是體育老師衝了過來，緊抱著他跑向健康中心，口對口CPR緊急施救，來不及，還是來不及！喔咿喔咿救護車一刻沒怠慢，第一時間駛至，兩個醫生一直救、一直救，一直搶救到現在……」

醫生跟孩子的媽走了出來，校長、學務主任、班導跟著出來。蹙眉、低首、沉重、哀戚，圍成一圈，偶爾有人低語。所有人都在長思，在這個節骨眼，沒有人輕易出主意，沒有人敢做決定。孩子的媽走到牆角，眼神對著天，拿起電話筒撥打電話。校長乘勢做危機處理，像籃球場關鍵時刻的戰術布局，輔導老師找班長面授機宜，輔導主任、主教急速奔出醫院。

同學們靜默無語，大多垂頭低喪，堆在抽血室這一邊，有幾個同學閒聊。

甲：「聽說鐵甲武士昨晚喝了兩、三瓶啤酒；他在泉州街賃屋，經常打麻將；他女朋友跟他分手，他常酗酒；他女友對他說我們該分手了！」

乙：「聽說他爸在大陸有二奶，他媽知道；他爸深圳還有個家，兩個妹妹；他媽因他爸養二奶，禮佛多年；他爸共有兩個二奶，任別人怎麼閒言閒語，他媽吭都不吭一聲。他書早就讀不下了，也算解脫。」

丙：「聽說鐵甲武士自己說被魔鬼附身才酗酒；鐵甲武士受不了家裡一片死寂才搬出來；他來建中很失落，功課跟不上，跟女朋友無關好不好……」

我說：「不管是真是假，不要再說了，現在不是說八卦的時候，他在搏鬥！」

景況再次回到肅殺的氛圍，幾位同學霎時臉紅。

我也曾經在重症急救室裡，上氣不接下氣地來過幾趟。有一年，同樣是高三體育課，同樣是一千六的測驗。建中的老駝客，空有駝名，卻沒有大漠飛駝的能耐，有經驗的高三導師都剉咧等，跌倒、摔倒、昏倒隨時來。十來年前，明明體育老師很徹底的帶領同學做熱身操，我的班上仍先後有兩人休克，一名送往台大，一名送往和平。我跳上摩托車驚馳若飛，闖兩家醫院，還好都醒了。想到這一段，我頓時渾身起雞皮疙瘩，我很尊敬體育老師，他救了我高三兩個糟老頭子般身體的涂匪和金鋼鑽。後來，高、國中小醫務室都配備簡易氧氣筒急救設備，休克的意外就不再發生了。

輔導主任旋又到院，她調出鐵甲武士建中的完整檔案資料：他的父親長期在上海昆山，父母分居，正協議離婚中。鐵甲武士賃屋在外，教官訪查時，曾發現他有抽菸、喝酒的情形。該生的成績每下愈況，高一前十，高三滑落到後十。另外，該生高二下氣喘就醫的紀錄致使學校層峰聚攏過來共同解讀資料。班導補了一句：交過兩個女朋友，都轟轟烈烈的。

「我就這樣處理了，好嗎？你趕緊回來台灣，先不要讓他阿公知道，這一切我來善後。」孩子的媽沉著，十分淡定，十分寂然，十分從容。表情肅穆，再度折回急救室，搶救的儀器聲訇訇然，雙掌合十，母子獨處十來分鐘，然後她緩緩走出。

她跟醫生說了一些話，態度堅毅，目光決絕，頻頻頷首；校長等走了上去，她又冷靜低聲說了一段話，微微點了幾次頭。校長眼眶泛紅，輔導老師手摀著嘴，清熱的淚水盈眶。同學見狀全站了起來，心騷動，情紊然，腳步零亂；班導滄桑的男兒淚，狂飆，飲泣，很多同學跟著哭。

再去牆邊撥了一次電話：「都準備妥當，就這樣了……」她步伐節奏平穩安定。鐵甲武士的媽對著大家說：「他救不回來了，我們都看到兩位醫生盡力了。感謝體育老師一路搶救，感謝校長、班導師、輔導老師、輔導教官以及所有在場主任。」眼光環繞了一圈，她接著說：「各位同學，陳媽媽希望大家依序在他耳邊說幾句話，像平常你們跟他說話那樣，對他做最後的告別。」

她兀立右側一角，合掌、閉目、靜默，無念無語。第一個走入，低下頭親了親他的寶貝兒子。接著魚貫而入，魚貫而入，魚貫而入，魚貫而入……儀器聲單調而貧乏，「呼—吸，呼—吸」，校長先走出來，主任們再走出來，班導走出……魚貫而出，魚貫而出，魚貫而出，魚貫而出……。

師生無一倖免，全班淚水潸潸然。陳媽媽剛毅強大的母性，一步一步又走過來。她揮了一下手，全班坐在急診室右側地下。她擠出一絲小小淡淡的微笑，雙掌再合，虔誠溫暖得像一尊人間菩薩，在拔取孩子呼吸器前，她如菩提開示，講了一段鐵甲武士該聽的母誨：

做為一個母親，我是失敗的，仔仔躺在那張床上，你們全看到了，他回不了家了。仔仔是兩代單傳，爸爸正從上海趕回途中，在鄉下最疼他的阿公，還不知情。

你們都有溫暖的家，都有愛你們的父母，趕快回家，謝謝你們對仔仔的關愛，陳媽媽代替他謝謝大家。父母不可能只為自己而活，為人子女也要知道還有一輩子都在關懷你的爸爸、媽媽。

我的孩子走了，你們的同學離開了，這是無法割捨的痛！趕快回家吧，你們的父親、母親正在等你們。珍惜親情，珍惜自己，為自己而活，也要為父母而活，為關心你的人而活。別讓你的家人操心，走吧，大家，謝謝你們。

她轉身看了一下護士。頷首，沉思。喀喀喀喀的皮鞋聲，又很有秩序地響進急救室。她講起話來平平穩穩，始終沒掉下一滴淚。

我打完止痛針，風吹就痛的痛風，紅腫稍息，痛感漸弱，我跟著大夥兒走出和平醫院。

我一隻好足拖著一隻歹腳，一隻歹腳跟著一隻好足。一跛一跛地，向自己示弱；又一跛一跛地，對自己示強。走出和平醫院，天灰茫茫，沒起風。感覺起來密雲不施。

一叟小語

「意外」，是人生中最難掌握的脫序。戲水可以溺斃，騎車可以斷腿，擦窗可以落足，擁抱大自然可以山難，打球可以撞歪下巴……意外意外，人生很多事能想而沒想到就變成意外，沒防微杜漸就出事了。

白髮送黑髮，豈只是反服父反服母的泣血之痛？有一則對話是這樣寫的——父親說：「你是我血中的血，骨中的骨，肉中的肉，形中的形。」兒子說：「我就是我。」父親講的是很東方的思維，兒子說的是很西方的邏輯。將心比心也好，自己負責也好，人生有很容易的一面，也有很艱難的一面。為人父母唯子女是憂，這是人之常情；為人子女唯父母是憂，這需要歲月的體悟。「鐵甲武士」，綽號響亮，一命嗚呼，倏忽哀哉！

陳媽媽，面對觸礁的婚姻，面對喪子之痛，她堅忍不拔，她強忍悲慟，為學生上了最淒切的生命教育。這需要多深的摯愛，這需要多大的放下，這需要多高的超越。溯其源，恐怕都要歸於陳媽媽無上的韌力，生命有這種偉大的力量，慈愛才能無私無我地昇華。

鋼鐵人

「他就是一個王，一個有思想的王，一個胸懷天下的王。」

老夫鄭重宣布：建中第六十四屆三〇五生命鬥士李冠霖為鋼鐵人，他不穿鐵皮衣，他台大的新骨氣都是鋼鐵重新打造。

坐在榮總的接駁巴士上，我細細回想建中三〇五班，後門門邊，永遠坐著身軀愈來愈蜷曲的生命鬥士。等會兒就見到動了大刀的他，心裡一陣波瀾起伏。老夫雖然外表一向冷靜從容，不易為世事所搖撼，這一趟薄暮的榮總行，卻忽然湧現強烈的不捨與心疼。選擇出院前去看他，我是要看他勇敢無畏的眼神，插著管子，氣息微弱的模樣，他也不想讓我撞見。

高三下，學測前，他的頸子已經左傾得厲害。

「很累。」他說。肌肉日益萎縮，脊椎側彎變形，壓迫他的肺臟、心臟，導致呼吸不適。講明白一點，直接威脅到生命，而他卻以難以想像的韌性面對；高一感冒可以讓他在家躺兩個月，難以想像他身體的孱弱。

來到十八樓，一眼撞見他的父親，永遠的笑臉迎人。眼前鋼鐵人戴著特殊的鐵頭架，頭殼上打了固定頭樁的四根大釘。竿直扁平，只連著皮的兩隻手臂，是唯一看得到的骨力，看起來比印象中的他又更枯瘦乾瘠了，頭相對顯得大些。是的，他意志力、學識力、堅毅力以及打不倒的逆抗力都靠它。這顆大頭，讓他順順當當地考上了今年的台大物理系。躺在病床上的他，笑了，頸椎向中央靠近了不少。我小心地握了他智慧的手，注視著他靈轉的眼和嘴。

他父親簡要敘說了這幾十天如何度過生命的挑戰，開刀是鋼鐵人的意思，是他爭取更強大的生命空間。早上八點進開刀房，直至凌晨兩點才順利縫合，花了十六小時。主治醫生是小兒脊椎手術權威，建中學長為學弟操大刀。

適巧醫生來拆線，老夫第一次目睹他單薄弱寒的身軀，不知他挨了多少刀？醫師治骨像大禹治水，順脊之形。截彎取直，在他脊梁這小小的版圖，真是談何容易？這裡兩片，那裡兩片，肩胛骨也有，算術不好我沒數清……

高二那一年開學——

小巨人在那位笑容可掬、令人尊敬的父親推送下，我們第一次見面。然後，每堂下課就有義工范爸打理上洗手間或到資源教室。特教老師央託並囑咐我，他身體很脆弱，請多費心。高一只是區區流感，打幾個噴嚏，就足以讓他在家休養兩個月。事實上並不誇張。

按照標準作業程序，我們找了一群他高一同班的熱心同學，環繞在他四周，給他最好的支柱，像所有呵護弱者的策略一樣，給他更多的愛。第一學期在打氣中、在關懷聲中、在屏息中、在臨淵履冰中度過。

我想了一個寒假，小巨人強大得很，他比誰都沉得住氣，他不需要這些過多的激情與渲染，他倒需要平常的日子。坐著特製的電動車，靠在那一張為他量身打造的桌子。他就是一個王，一個有思想的王，一個胸懷天下的王。我們不能把他看小了，我們不能將他看弱了。他是一位真正知道生命價值的王者。

我跟一位一直照顧他的同學說：「我們不要給他不需要的施與，他很充滿，他很自主；我們不要把他看成無助的人，他很富厚，他很自信；我們不要把他看成無力的人，他很剛猛，他很自有；我們不要把他看成失落的人，他很篤定，他很自知。」

他要的是平常，跟大家一樣的平凡過生活，自然就好。當座位重新抽籤排定後，我就任形勢發展順其自然了。坐在他周圍的同學都是電腦亂數組合，代替以前的優先安排。下課走到他身邊聊天的，跟大家一樣，都是自然節奏。從此以後，熟識的人愈來愈多，他竟然也打起牌來了。

太好了，小巨人，平平常常，普普通通，一般無二了。我也很少特別靠近他，頂多摸摸他的頭，觸觸他的肩膀。我要他享有正常的日子，我要他有能力和人打屁，我也不反對他講粗話。所有駝客會做的他都可以放手去解放，我站在遠處看他，老夫很滿意，他平常得很漂亮。

旭日熙熙，他乾削的臉映著晨光，自己溫暖自己，寧靜的在同樣角落沉思。

我不想給你堅強的鼓舞，因為你已是磐磐大石。我不要給你春暉的衛護，因為你已是煦煦暖陽。我不要給你歌頌的美言，因為你早已勒石記功。我不要刻意對你噓寒問暖，因為你早已內斂壯大。我不想強化你是生命鬥士，因為你早已天天偉大。我不想點染生命如何精采，因為你一天當一世用。老夫要你平凡平實平淡平安平靜；老夫要你貼近十七、八歲該有的狂野；老夫要你浪漫青春帶一點叛逆與不屑。這樣才痴狂得起來，才不會枉為年少。

總統獎訪視小組為了他，特地約我訪談。她們問我究竟師長、同學怎麼幫助他？老夫說：他早就超越了自己，他掌握住平凡的節奏，我們讓他把自己看成一視同仁。

鋼鐵人，你造就了人性的光輝。讓父母，親情他們的親情；讓義工，奉獻他們的奉獻。讓師長，鐸化他們的鐸化；讓同學，友誼他們的友誼；你自己，昇華自己的昇華。

至於建中那個班，我們將會一直記得的那個班，三〇五的赫赫髦士曾因你而微妙壯碩轉大人，三〇五的狂狷之徒曾在你的輪椅旁薰陶入座，三〇五的叛逆青春曾在你的堅忍中學會珍惜。

從此你是一等一的鋼鐵人，也算鐵錚錚的漢子！金鐘罩鐵布衫，你將不學而能，你將不思而得！你急著出院，急著要去椰林大道，你是鐵人一個。你這麼鐵漢，如此英雄，以後老夫就呼你鐵將軍。只有一個請求，你可以鐵面無私，可別鐵石心腸！

停留一個多小時，乘著月色離開石牌。一座光，停在榮總中正樓十八樓。我說，那是男人的光，生命因你而發光。接駁車上，老夫內心只有一種選擇：好好向你敬禮，叫你一聲鋼鐵人。

一叟小語

鋼鐵人是身障生，肌肉萎縮症加上嚴重脊椎側彎，他靠特製身障車穿梭校園，每天往來基隆與建中之間，都由父親親自接送。晨陽微熹，七點不到，熟悉的身影來了，擔任小學主任的李爸，日出抱著他進教室，原車驅返基隆，趕赴學校開早會。日落抱著他出教室。春暉和夕暉相映，父子靜靜回家。

他身體脆弱，內心卻十分強大。任何風吹草動，資源教室都是處在備戰狀態，戰戰兢兢，隨時機動應變。師長們、志工們、義工同學們，都是了不起的一群人。有了缺憾，就有了堅強；有了弱勢，就有了愛心。人生有人生的光明面，人性有人性的光輝，不經意間，發現了，人生就美了。

生命的偉大，其實很簡單。想問問鋼鐵人的詮釋，請開門見山直話直說，不用拐彎抹角，一語中的——他讓你馬上就懂。不必問他脊骨會有多瘦，他的咬緊牙關就是他的堅韌；不必問他生活有多麼不便，他選擇了人生就面對了命運；不必問他理想有多麼高遠，他鋼鐵般的身影就是美麗的未來；不必問他生命將有多長，他的堅毅不拔就是他的精采。鋼鐵人偉大的是意志，鋼鐵人剛強的是心靈，鋼鐵人昇華的是堅忍的韌力。

考上台大物理的暑假才動大刀，不意我患有先天嚴重肌肉萎縮症的學生李冠霖，隔年十一月十九日又進手術房了；鋼鐵人加油，鬥士就是要不斷的戰鬥！我會跟上回一樣，選一個特別美的夕陽，見證您那麼一點點羸弱而堅強的身軀。

"

媽媽的聲音

〔如果可以，我真的好想好想，
結結實實的聽一次……媽媽的聲音。〕

我教過一位洗腎的資優生，臉色蠟黃，個兒委頓瘦弱，洗腎洗出他的堅韌與勇銳。蠟黃是他的綽號，每週上醫院洗三次，同學笑謔說他：「你連心都洗得乾乾淨淨了。」他不以為忤。跟他熟要到高三以後，印象中沒別的，只有他沒缺交過作文。

資優班一班只有三十人，個個都有來頭，頭上都閃著奧林匹亞金牌的光芒，數理化生物資訊地科，十八般武藝都有高手，蠟黃的成績較弱，國文亦然，他的專長在電腦資工。導師說蠟黃洗腎時間長，很耗精神，要我作業給他寬緩些。老夫規定作文遲交一天扣五分，紅樓才子沒放在眼裡，蠟黃卻從不缺交作業。

印象中他不太能寫，文章寫不動，字數也多不起來，蠟黃蠟了兩年半依舊黃，我沒特別跟他深談，人家作文都準時交了，你還想怎樣？

高三上，我出了一個作文題目「聲音」，副標題：「一次聆聽聲音的經驗」或「一次聆聽聲音的感受」。資優生們意興闌珊，普遍寫得不理想。我狠狠面斥他們一頓：「上天是公平的，給你們數理『資優』，就給你們作文『資憂』！」老夫下令重寫，才子們吐大氣，心沉了下來。

湊巧熟識某私人婦產科醫院院長，喬了半天，勉強同意我安排一個校外教學，讓學生在待產室外，隔著門聽一聽孕母待產的聲音，自以為是個特殊的經驗，學生會喜歡。一組四個很快接近指定位置又很快離開，我隨機做了生命教育，並洋洋得意地說：「這就是聲音的好素材，你們可以選這個，也可以選上回或別的材料，但是必須要去現場傾聽，回來再寫。」一週後交作業，我問全班，除了最會寫作文的阿督仔和蠟黃外，沒人選這個素材。老夫十分沮喪，顯然是個失敗的安排。

阿督仔文字曼妙，彷彿天上來，是他一貫優質的筆調，見多不奇，沒覺得他寫得精采。那天晚上，我依慣例第一本就改到蠟黃，他是一號。吃完冬至湯圓，肚子暖烘烘地，記得我是站著一口氣看完的……

聲音：一次聆聽聲音的感受

聆聽媽媽的聲音應該是一次美麗的經驗，這種經驗只應天上有，這種經驗只能夢裡尋。天上的媽媽怕路途夐遠，捨不得我神往，所以幽渺高古的世界我並不熟悉，夢境是我最好的期待。

很小的時候，阿姨總叮嚀我：「只要乖，媽媽就會在半夜，從天上來跟夢中的你說話……」阿姨說的都是真的，從小到大，只要我聽話，媽媽三不五時就會到我床前來。天上的媽媽總是在很深的黑夜裡，沿著天梯而下，而且很快就在我眼前，媽媽知道我想她，她會摸摸我的頭，然後像很多媽媽一樣抱著我或者拍拍我的背，她也會哼著搖囝仔歌，「嬰啊嬰嬰睏，一暝大一寸。嬰啊嬰嬰惜，一暝大一尺」、「搖啊搖、惜啊惜」，跟阿姨一樣唱得很好聽，可是一醒來就什麼都沒有了。媽媽那麼好聽的聲音，如果能餘音繞梁，那該多好。媽媽哼哼唱唱的嘴形我記得，聲音就模模糊糊，始終抓不準。愈長愈大，媽媽就愈少進入我的夢鄉了。

每天早上起床，當我打開眼睛的第一刻，我總是不自覺的走到書桌面前，去看一看這位天下最美麗女人的照片。媽媽年輕清純，秀髮披肩，眼窩深邃，兩顆秋水般的眼眸像射出的箭，高雅的氣質很吸引人；櫻桃小嘴，笑起來兩邊嘴角微微上挑，齒如白貝，十分優雅；鵝形略大的臉樣兒，搭上平整的臉頰，自然透露著良善的溫柔。阿姨說媽長得漂亮，這是千真萬確的。……這張老照片歷歷分明，逼在眼前，可是她又是多麼的遙遠；這張老照片清朗明麗，多麼具體，可是她又是多麼的不真實……

在一個偶然的機會，我來到了人間生命的工廠。依稀彷彿聽到別人的媽媽，正在為新生命的誕生而備受煎熬。有的在呻吟、有的在痛哭、有的在哀號、有的在謾罵——「都是你害的……」聲聲動人心扉，哪一個聲符最像您，您能告訴我一聲嗎？媽媽，你是聽見我哇哇大哭後才放心走的呢？還是模模糊糊中離開人間？

我可以想像得到：當天下的媽媽，在經過人間最大的痛苦之後，就為家人帶來了笑聲，帶來了生命的喜悅，成就了天倫之樂，同時也偉大了自己。

不幸的是，媽媽！十八年前當我這個新生命呱呱落地的那一刻，卻也是媽媽你結束人生的一刻。媽媽！我這個從小就沒娘的孩子，對你有好深好深的歉意。如果沒有我的來到人間，也許你就不用賠上一條無辜的生命。

媽媽！可是我總是比別人少了一個母親。媽媽，你知不知道，我已經十八歲了，這十八年來我想看的看不到，我想聽的聽不著，這一趟是我最接近你的一刻，但是，我依然落空了。此時此刻，忽然間我有一個強烈的渴望，如果可以，我真的好想好想……結結實實的聽一次……媽媽的聲音……。

我焦急地打手機給資優班導師：

「蠟黃母親不在了？」

「是，聽說生他難產，走了！」

「父親呢？」

「他很小就不在了。」

「跟誰住？」

「阿公、阿嬤，還有沒嫁人的阿姨。」
「他洗腎多久了？」
「進建中前就有了。」

記得當時，蠟黃我教了近三年，都快畢業了，文章寫不長，很少超過四百字，作文分數也沒有上過七十，唯一的印象是他始終沒遲交缺交過作業。我為我的小器與對他的冷落，十分自責。
第二天我急急把他喚到走廊。
「蠟黃，你很能寫文章。以後可以遲交，補交也不扣你分。」
「老師我真的很不會寫作文，可是媽媽我很愛寫。」
冬陽陰弱，我近乎枯竭的老淚，正七彩沸騰中。
「你娘一直都在，你聽得到她的聲音。」我拍一拍他羸稚的肩膀。
他笑得快哭了，蠟黃的兩排牙也是蠟蠟黃黃地。

一叟小語

一篇作文的重寫，誤打誤撞，竟然激盪出埋藏十八年的渴望，讓我舉足無措，紅了眼、痠了鼻，久久不能自已。印象中，他總是生活在很尋常的位置，看著別人的輝煌與燦爛，一抹微笑伴著真誠的掌聲，特別早熟的冷靜沉著，寫在他蠟黃的臉上。多麼令人心疼的堅強啊，他必須超越多少回的脆弱與無助，淬鍊多少次的堅韌與剛毅，才能帶著孤苦的心靈與委弱的身體，走向他的美麗人生。

魚在水中游，不覺得水的可敬；鳥在空中飛，不覺得天的可貴。生命中的平凡平實平淡平安，這些簡單容易的擁有，不就是最美的幸福嗎？人間的至性至情，到處都有俯拾可得的感動。蠟黃的感人肺腑，我所理解的不只是自始至終聽不到媽媽的聲音，是他不埋怨命運，是他不咒罵不幸。勇敢面對失怙失恃，默默承受身心的磨難，這是蠟黃的至韌力，也是為人應世該有的能力。

父母早逝是蠟黃生命藍圖的安排，緣於「失去」，媽媽的聲音是他最美的聲音。其實，在天籟人籟與心籟，在親情友情與愛情，人心的深處都有真情的渴望。給美麗的本心與真情，一次又一次靈動的鼓舞，就是人性最偉大的開發。讓我們以最良善的心，為美麗的世界與可愛的人生打氣，十八年的痛徹心扉，蠟黃給了自己力量，看似失去卻也得到了。我們相信人性的真善美，是最初也是最大的生命力，蠟黃的堅強是生命的本能，不需要醞釀與尋找，人人也都有本事打造出來。蠟黃不是靠搏取同情走他的人生，他堅韌而強大的理由只有一樣：珍惜自己才算對得起自己。

"

大紅神主高高掛

【水性難料，
善水之人最怕這種惡狠狠的凶水……】

肅穆莊嚴的喪禮，在南無南無的梵唄聲中漸行漸西。女兒、女婿一邊一個跪著，權充家屬答禮，兒子未歸。台北二殯懷親廳不算小，親友車馬稀，商賈流連晚。默坐左排首座的護喪妻，枯瘦失形，沒掉一滴老淚。獨子鎮遠失訊三十年，獨女嫁洋人，哀樂送她的亡夫。

「植牙意外，口腔嚴重感染，形成蜂窩性組織炎。他一直不肯花錢修理他的老牙，是我逼死他啦……」張媽媽虛弱無神地說話，右手撫著胸口，十分自責。從紐國返台，下巴腫成一包，不久，張爸爸丟了一條老命。

遺像慈祥平和，懸兮神桌之上，靈趨西方極樂世界。攙扶張媽媽回家，一路是悲淒的人聲以及雜沓的人影。這條巷弄又老又窄，大門緊挨著鄰家牆板。沒準兒，一掀門就會撞上那一道垣牆。我熟門熟路。

三十年前，鎮遠重考，在一個悶熱難當的午後，他出事了。聯考完，他在家午睡，老爸幫他的摩托車擦得晶亮。當年老父拗不過他的哀求，買最炫的山葉一二五獎賞他。擁有這部超級炫風的越野機車，同學邀約一定有他。有一天，颱風過後，同學相約到淡水白沙灣戲水，少了一部摩托車。電話響了，張媽隨即叫醒鎮遠：

「快跟同學散散心去。」

「我才剛把車子擦完，您就狐群狗黨四處瞎鬼混，午覺不睡，像個無頭蒼蠅，哪裡臭你就哪裡沾！」張爸不覺嘮叨了起來。

「媽叫我去的，你怎麼怪起我來了？很奇怪呢！我在睡覺啊。我有頭啦，不是蒼蠅好不好？」

「去啦去啦！悶在家裡會悶死，年輕人要有朋友！你這個老頑固，你懶得動，不能叫你兒子頹廢……」

張爸雖嘀嘀咕咕了半天，最後還是放行了。

颱風剛走，淡水白沙灣海水浴場大門深鎖，沒開放。重考族死黨一行七、八人，抄荒徑，就野蹊，偷溜入。不知誰偷來一張橡皮筏，玩危水深深深幾許的夏浪。氣未吹足的橡皮筏子，坐滿了青春、狂放、夏吶。戲謔的惡作劇，沒想台式香蕉船像翻筋斗，傾覆。起初，一夥人又懼又喜，刺激、緊張、驚奇、過癮，不到十分鐘全船皆落海，三人不諳水性，腳下水勢似魔。抓緊橡皮艇，一人圈一角，水在退潮。圍成一圈，奮力集結，其他兩人死命緊捱著。

鎮遠被沖走了……快撥水……腳動……手出來……快快……淒切的吶喊齊出。差點就搆到他的手，一陣浪掀天，沖得老遠。大家眼睜睜地看著他載浮載沉，忽隱又忽現。大夥兒聲音愈叫愈大愈亂，他手愈搖愈小愈弱。最後沒了，然後就看不到了。他出事了，鎮遠真的不見。

海水婆娑，有節奏地拍打，浪花共白沙一色。烏雲密布，無預警地籠罩，落雨與流雲齊飛。沒多久，海防來了，警察來了，老漁民來了，喔咿喔咿聲淒淒，驚慌惋惜語厲厲，人語嘆息。廣袤白沙寂悶悶，無邊波瀾濤切切，浪話偃息。水性難料，善水之人最怕這種惡狠狠的凶水，新北市潛水協會出動，十數名勇蛙一一躍入。

「你別看海面風平浪靜，海中卻暗潮洶湧！一潛下水，立即就被沖出一、二百公尺外……」潛水員搖著頭，驚悚地說。「少年囝仔不聽話不知死活，可憐是父母……這裡除了有很多吻仔魚外，還有沙魚呢！」

七月天，白沙灣像磨平的鹽山，晶亮、銳白。酷暑若火焰，海涯熱煙蒸騰，灘欲燃，沙正燙。父兮母兮！哭倒白灘，可憐白髮空泣海；兒乎子乎？哭溼白沙，可哀人間失骨肉。

張妹手持白幡，海風有情飄不止；道士口誦梵經，白沙無心難催魂。一襲鹹風，風起風落，吹不出心頭的肉。一襲熱浪，浪遮浪掩，望不到海頭的兒。

「我的小遠啊，是我叫你接電話，是我害死你啊！」

「我的兒啊，是我的縱容害了你呀！」一聲聲飲泣。

「我的心肝，是我慈母多敗兒嗎？」哀哀慟號。

海洋婆娑著海洋，疑團重複著疑團。一天過去，怕見到，真見到了，就沒了。兩天過去，怕不見著，不見著，哪去了？三天過去，怕見不到，見不到，嘸去了！

「可能在，可能不在？」是我做老師要說的話。

「可能對岸漁船救走了。」為母則強的張媽媽說。

「他一定怕考不取好學校，溜了……」張父老淚縱橫。

「可能受控制，一時沒法聯絡……」她六神無主，自言自語。

第三天，包租的小發財車上的殯葬用品原封不動，草蓆、白布、衣物等前置物品，仍綑成一團。中暑的中暑，得痧的得痧，我們都想等待奇蹟，尋不著，搜救小組要撤了。沒下文，有機會，沒有新發現，就是好消息，也是最好的壞消息。跟當地憨實的打漁人反覆說謝，揮手。我們如浪舞動，一起一伏，一步一踱。

「活的機率高不高？你覺得呢？」老夫問我那位在淡水當警官的學生。

「老師啊！我請您吃海鮮。」

隔天到鎮遠家，故作鎮定，努力傾聽。

「我兒子一定還在。」張媽堅定地說。

「要立活的神主牌位。」風水老師說。

木主靈牌，字鮮紅揪神、怵目驚心。我看著木板立起的鎮遠，他壁立如削。三十年前的情景，一幕一幕從香煙中不斷跳出。記得寒假到他家家訪的那一幕，如在眼前。

導師手冊的紀錄，泛黃褪色、漫漶不清——

一、總是跟同學一起瞎起鬨，不主動惹事，只是個跟屁蟲。二、考試不會寫，從來不作弊，這個我很欣賞。三、他很有愛心，一群校狗沒得吃，他常關心。四、很講義氣，也容易衝動，意氣、義氣分不清。五、鎮遠比較散漫，作業科科缺交，週記也不寫。六、英文老師氣他，說了句沒家教，他飆出三字經。七、廁所抽菸已被逮多次，最後都是主任打屁股。八、他是大過不犯、小過不斷，訓導處親像走灶腳。九、張爸承認太寵；張媽頻頻搖頭，張鎮遠畢恭畢敬。

高三下張鎮遠生日，他老爸買山葉一二五機車送他。這位跟著政府來台的老兵，老來得子，要什麼就給什麼！這一部流線型的機車，他老父天天擦拭，光亮如新。

「出事那一早，我還從頭到尾擦個晶光。我就這麼一個兒呀！連個孩子都護不了……」張父老態龍鍾，不斷嗟嘆，聲音老得很陳、很沉。小小斗室裡，親戚友朋都在，那一晚，哭不盡，悲不已。

張鎮遠一直列為失蹤人口，鮮紅神主牌是活的身分證，三十年的謎團，依然如謎。張爸走了，神桌左側又立了一座神主牌位，父子倆，新舊兩個香爐並列，沉檀香煙繚繞，眼前張媽媽守著神主牌位，她始終信仰她自己。每次見面她總是喃喃地說：「我兒子還在。」

「你爸等不到，都已經走了，你也該回來了……有什麼事都可以好好講啊，總要給個消息……媽也有病啊！你不能一句話吭都不吭……我有多久沒聽到你喊媽了？

小遠。」

一炷香握在她的掌心上，同樣的話念了三十年；一炷香熏在斗大紅字的神主牌前，同樣的話聽了三十年；三十年香煙如龍捲白浪，曲折、深邃、奧祕。有個娘喃喃不清哪！有爐香裊裊無語喔！

白沙灣潮來潮往，不是故壘也不是古戰場。一想到有沙魚出沒，一陣陣血腥味從心底嘔出。大紅神主牌位高高掛，煙霧曲彎延上，是舊影；顯考張公的牌位前，一爐黃亮光鮮，是新魂。神案堆滿四果，張鎮遠的名字，這一回模糊了。

一叟小語

眾生多相，法力無邊的神祇，不見得能時時為虔誠的信徒找到圓滿的出口。佛前素心，張媽媽念語如初，三十年等過去了，她堅信希望仍在她的念力裡。南無南無，神力即心力，她需要無窮無盡的力量，去面對無邊無涯的歲月。等待需要忍力、耐力，這種事只有為母則強、韌性十足的女人做得來、熬得下。

等到丈夫牌位陪在大紅神主旁，仍等不到心頭一塊肉的清音：「我有多久沒聽到你喊媽了？小遠。」韌力就是內心的煎熬，愈堅強的人就愈有艱苦的磨折。她等的只是個「活著」，就好；一句活生生的「媽！」也就夠了。三十年等不來，密雲不施雨就是不來，天地仁是不仁啊，我們怎麼說呢？

老邁的丈夫植牙意外，她自承是她逼死的；兒子戲水意外，她猶言是她逼死的。所有的苦她一肩擔，所有的錯她一肩扛，所有的等待她一炷香圍繞。命運不一定美好，韌力可以偉大。

媽媽握著我的手

【有一天，我牽著媽媽的手，媽媽卻握緊我的手。】

一直以為，孩提歲月牽媽媽的手，是人間最美的孺慕之情。
一直以為，年老的阿嬤牽著孫子的手，是天倫的祖孫之愛。
一直以為，相敬如賓、畫眉深室的人生，是大丈夫的至情。
一直以為，相偎相依買大茂黑瓜的牽手畫面，是人生真愛。

去年清明，上午九點不到已告別祖墳，緩緩走下三星公墓。離開老家北上前，母親給我幾張發黃的照片，照片中有老曾祖、祖父，還有我英挺威武的亡父。我與妹、弟都有一份，每一張照片都不相同。

我愈老愈像當時年輕入贅的老父，很酷很似。亡父舊照裡，媽依偎一旁，嚴整的西裝頭很搶眼。今年清明我刻意請理髮師依亡父的髮型，剪個西裝頭，左邊分邊，從頭頂三分之一處有層次往下修。三、兩根弱白的髮絲，正好在分岔點活活躍躍。鬢邊黝黑茂密，兩道濃黯的墨眉，是「黃」骨標記。一如年長的黃姓宗親，總有幾線突兀往上翹的長壽老眉。繼承林家的香火，我少不了黃家的血緣。

雪隧縮短了鄉愁的距離，九彎十八拐沒落了。清明清晨，我十足老爸的語勢：「日頭照屁股了。」人丁不旺，六點未到，全員出發，總是匆匆忙忙急著上墳頭。匆忙，是崇敬的病，也是焦躁了整年的思念。父親的土墳葬得近，沉重不到幾步，陽光照給你看。拐了二十公尺，墳見。從壽棺入窀穸起，亡父躺了十年，姿勢一個樣。

老母站在墳塋上出神，對著遠天遐想，然後幽幽地說：「你老爸要你們知書達禮，多讀冊，你們不要忘了。我們這一代是文盲的一代，不識字就沒知識，沒知識就沒有文化，你們的子子孫孫都要多讀書。」

亡父的遺訓從老母的眼神傳來：「赤貧可以脫貧，努力就會改善；文盲永遠是文盲，翻不成文化的身。希望你們能花三代改造家風，從稻香到書香。書香門第比金玉滿堂光采，有情有義比有名有利重要。你們都受了高等教育，下一代還要更好。」絲瓜棚下父訓溫婉，我們兄妹弟三人面面相覷。

在老父重度腦栓塞後，趕在失憶之前，孫子高中第一志願的喜訊及時傳入您的耳裡心裡，看得出您的寬慰。至於後來的公費留英、劍橋深造，就只能憑您冥界的靈力去感應了。

放下牲禮，分頭整墳，像昨天理髮一樣，條條理理。總是要刈完草後，酸楚隱隱，才從深遠的心淵奮出。老眼既瘦且澀，微隆的黃丘似暈似眩，淚氣蒸蒸然。黃土溼嗎？幽壤深嗎？黃泉黃嗎？碑碣我小心輕叩。怕您六年骸身未化，怕您的魂魄連著您的靈您的骨。

媽低語：「等您滿十二年，要親見您一具蛻化的沉睡。」

我心想：「兩年後，等靈骨出土，我將一節一節輕拭您嚴父的骨氣。」細撫您圓潤的墓碑，像當年輕揉您腦空多年的圓額。我牽著媽媽的老手，一隻好久好久沒有牽過的粗掌。一拐一拐的左足歪跛著，往下坡走，顯得有點困難。想像當年爸重度中風的龐大身軀，孱弱的媽是羸牛，媽是怎麼從五百公尺外的隴畝，一步一步獨力拖回老爸？算是媽救了爸，喔伊喔伊交給救護車，她腿卻瘸了。救了一條她男人的命，親朋好友直誇，讓她很心安。換來三年丈夫腦死，輕喚不出奇蹟，讓她足更跛了。

邊走我邊說：「媽媽，我們到台北去換膝關節，好不好？」

媽搖頭：「不，不了，這是你老爸留給我的最後印記。」

媽笑說：「萬一膝蓋換壞了，我的三星上將梨誰照顧？」

媽笑謔說：「萬一腳修好了，我怕就漸漸忘記你爸了！」

媽沒說出：「一步一瘸，一步一疼，每一步都有你爸……」

媽側著臉，張大眼看我幾眼，自顧自笑著，笑紋紋。我問她，她不急說，只吃吃地笑，笑得又老又真：「你這個頭啊，呵呵……像你爸，模子印的，好像。你啊！老了跟你爸長得愈來愈像，像當年他自己進門的那一天……。」

我牽著媽媽的手，愈牽愈近。

媽媽握著我的手，愈握愈緊。

……

我牽著媽媽的手，愈牽愈近。

媽媽握著我的手，愈握愈緊。

上了車，媽媽忘了放下她的手。看著我的頭，手愈握愈緊愈熱。

今年清明——我牽著媽媽的手，媽媽握著我的手。

一隻小語

”

我的老母親失恃後，十三歲撐起一個家，那是多麼破落的一刻。猶未長成的獨生女，只有早熟一條路可走。開一家小小的柑仔店，奉養幾個老人，悲情的年代、形單影隻的家世，十三歲浮生閱歷能看多遠？人生的遠方又在哪裡？

慣看秋月春風，一門孤苦，從治母喪起，就注定她必須風霜歷盡。養生送死她張羅得特別淒楚，四代單傳，招了婿，她仍然是一家之主。亡父一窮二白，想讀書只能等後世人；家母養家餬口一肩挑，讀書只能交給下一代。送走一個一個凋零的至親，她無怨無懟；送走一個一個想飛的骨肉，她不慍不火。現在偌大的果園，她隻手守護家園，她仍然是一家之主。

最好能再像五十年前一樣，臉側一邊靠在她的雙腿間，讓她撫著我的大頭，一鏟一鏟掏我的耳。看她滿頭的銀光，我可以專注地數數兒，聽她微喘的鼻息，我可以熟悉的雙眼輕闔。我要常常回家，讓她一直看見，我的頭髮漸漸白了，這樣她就可以一天一天的放心了。

“

六　學生生不息的使命

他是我爸爸

【爸爸說，等到不希望我載的時候，要跟我講。】

「他是我爸爸」，是老夫在建中聽過最美的聲音。

一群建中家長，在紅樓穿堂邊的家長會辦公室，婆婆媽媽說心酸。

甲：「我天天開車送兒子上學，接他晚自習，他說車爛。」

乙：「我讓他搭捷運，就沒得比了，沒聽到就好。」

甲：「現在的孩子，真不會替父母著想，嫌我車不好。」
丙：「他爸爸騎機車載他上學，有時候臉色不太好看。」
丁：「我派司機送兒子上下學，賓士車他也沒高興啊！」
「車不是問題，我們孩子沒教好。」
「大車小車都是車，不都是給孩子方便？」
「我們想得太多，他們就不會想了。」
「不必怪孩子，是我們自己不好。」
「我們的父母那樣教我們才是對的。」

約莫十多年前。

早上七點左右的南海路上，建中的交通指揮隊各就各位。走路的、騎腳踏車的、父母開車的、搭公車的都蜂擁而至，南海路如蟻一族，全在趕路，一起差肩急急走入建國中學。

每天早上七點二十分，一輛改良的三輪機車準時到達建中門口。這位父親肢體殘障，上半身挺得很直，沒有一絲愁容地送他上學。有一回，老夫撞見了，那孩子是我的學生，他的父親是殘障人士。這位爸爸每天帶著揚眉瞬目的眼神，讓孩子下他的三輪車，自信的跟教官打個招呼，然後帶著對得起祖宗的眼神馳去。

下著秋冷黏雨的昏曦，我又看見他的父親送他來校門口，我騎著摩托車，停在待轉線上，等著交通指揮給我的契機。

「對不起，這車不能停在這裡。」交通指揮善意的勸導這位三輪車爸爸。

「歹勢……歹勢……」他沒有不悅，頻頻揮手，不好意思開走了。

我的學生身著雨衣，目送老父離去，才進校門。我也在這時騎進校園，刻意靠近他，叫了他的名字。眼眸一閃而過，發覺他鼻頭酸紅。他微微打了個手勢，我這個招呼讓他有點為難，有一絲懊惱，留在圓形花圃蔣公銅像前。

學校日，天已黑，看清楚他父親的身影，瘦小、羸弱。他攙扶老父，一步一步走上四樓，人多擁擠有點喘。七點時間將到，學生刻意走到我的面前。

「老師，他是我爸爸。」很平和的告訴我。

「老師好，我是他把把。」爸爸很謙虛的不斷點頭。拄著拐杖，爸爸歪著身子趨前半步，握緊我的手。

「我們在校門口見過面。歡迎、歡迎……」我說。

教室裡，鬧熱哄哄的，在和學生家長一個一個握完手後，教室關燈。

「老師謝謝您，拜託您了……」這一對父子最後離開。

一老一少，巨大的身影，淹沒在莊敬樓三樓的長廊。

他，除了文史跟藝能、軍訓、體育科以外，幾乎全部免修，簡直太神了。平日同學上課時間，他經常在圖書館自修。長得一表人才，律己甚嚴，話少了一點。早熟深邃的眼神，足以穿透人心。

隔天一大早，他一進教室就找我，遞給我一包東西。

「這是爸爸、媽媽親手縫製的方巾，送給老師及師母。」

「謝謝，謝謝。跟爸爸、媽媽說謝謝……」

「爸爸、媽媽是裁縫師，自己裁縫的，媽媽說，擦汗方便。」

邊鑲得細緻、精巧，有五、六條。原來，他的爸爸、媽媽都是中重度的殘障人士。

等到和他熟了，他自然而然跟我談起他的計畫，他希望高中兩年就能進入大學。

「我急著要光耀門楣，我的父母都是殘障人士，我是他們的希望，我要去麻省攻讀博士。」

「老師好幾次見過爸爸送你上學呢！」

「從小，他就每天送我上學。」

「難得你願意讓父親載你上學。」

「他是我爸爸，我以他為榮，還有媽媽。」

「三輪車，眾目睽睽之下，老師很感動、很佩服……」

「他是我爸爸！」

「我知道。」

「爸爸非常喜歡送我上學，我也非常喜歡爸爸這樣載我！」

「爸爸說，他載的是未來的科學家，拯救人類的科學家。爸爸問過我，這樣載我，會不會覺得難為情！爸爸說，等到不希望我載的時候，要跟我講。」

破破舊舊的拼裝三輪車，父子共吟三輪車之歌。

「我要讓爸爸以我為榮。爸爸和媽媽從小自卑、怕人羞辱、怕人瞧不起。他們是我父母，我要讓他們知道，這一生不虛此行。」我相信他的態度。

難以想像大都會竟然存在沒有叛逆的年輕人。

難以想像每天讓他老爸「噗—噗—噗—」接送。

難以想像十五、六歲，就立志要拿麻省博士。

在一個悶熱的下午，南海路面發燙，他的父親開車來接他。「蹦」地一聲，一部機車騎士撞上他老爸的三輪車。教官、交通指揮一起擁上，「趕快、趕快叫救護車！」正巧他趕至，撥開學弟們的手，抱在懷裡。「他是我爸爸，我來。」堅毅地對著教官示意。喔伊喔伊，喔伊喔伊。和平醫院救護車，把他老爸載走了。

後來，他爸爸就沒有送他上學了，一直都沒有，他每天走路上學。聽說，腿廢了，無法煞車，不能再騎三輪車了。高二讀完後，他保送台大電機，最後真的到麻省理工學院深造。我每天騎著摩托車到建中，十幾年過去，到現在都會不經意看一下他父親臨停的固定位置，以及想像他父親被車撞成重傷的情景。

幾年前的教師節前夕，他從美國矽谷寄給我一張賀卡。

他說：「爸爸、媽媽已經不用幫人做裁縫了，我已經在美國結婚了。」更令我驚訝的是，他還說：「雖然我是孤兒院領養的，他們仍是我最愛的爸爸、媽媽！」

教師節又快到了，很期待他的賀卡。

這樣老夫耳邊又會隱約響起——

「他是我爸爸……」

「他是我爸爸……」

「他是我爸爸……」

一個陪著殘障爸爸坐三輪拼裝車上學的建中才子。

一個最喜歡說「他是我爸爸」的麻省理工博士。

”一叟小語

國、高中歲月是叛逆的時光，心理學者也強調這是一段危險的年紀，為人父為人母最能感受這五、六年孩子成長的震撼。然而為人父母也是過來人，將心比心，心知肚明：「罵也不是，打也不成；說教無方，氣得半死。」最後共同的良方，往往選擇：「忍耐、忍耐、再忍耐。」君不見，當「更年期的」碰到「青春期的」，衝突的場景會多麼激烈。為人父母如果沒準備好，口舌之間不是「刀光劍影」，就是「槍林彈雨」，準教你傷痕累累。親子關係是父母必須忍受的淬鍊。

「爸爸」是父子間很尋常的暱稱，很多人在習以為常的成長經驗中，都知道爸爸是家庭的棟梁，爸爸是家庭的支柱。但是，爸爸的偉大，我們都習慣以記憶的方式存檔，來不及說「爸爸我愛您」而形成永世嗟嘆的例子不可勝數。朱自清〈背影〉中的父愛，感人甚深，有同樣心情經驗的人不少，能及時說出的人並不太多。

一個孤兒院領養的孩子有機會叫「爸爸」，他珍惜、他感恩、他還要光耀門楣，讓爸爸的價值因他而不朽；生來就沒有父親的孤兒，逢人就說：「他是我爸爸！他是我爸爸！他是我爸爸！」聽聽，他有多滿足！他叫得多嘹亮；想想，朋友，您有多久沒有好好叫一聲：「爸爸」了？

“

精神科二診

【「原來你是把『她』當作她了！」我大笑。】

「本院自九月起新聘×××醫生，到院駐診……」

我在一家醫院的跑馬燈中，偶然看到一名學生的名字。記住科別後，心裡一直醞釀著找他，因為從建中畢業後，就沒他的消息了。「應該就是他了！」直覺這麼認為，他的名字很特別，不會是別人。

長相白皙斯文，功課很好，穎慧出眾，個子袖珍，寫得一手好字，文筆卓異。是個外地生，為了讀建中，他父親特別在學校附近買下一層中古屋。我擔任他的高一國文老師兼導師，對他印象深刻。那時候，老夫雖然才三十出頭，卻對他瞭若指掌。

高三上學期，他到我寄居的南昌街深巷找我，一臉憔悴，像湘水畔準備投江的屈子、像飛沙渡丟了劍的大俠。我借住的日式宿舍，破落、老朽、溼暗、寂深，很適合他雙眸無神的心緒。踩不住地的腳步，急促、匆忙、紛亂、失序，門開門掩。我陳舊、灰暗的老屋子，地面有點傾斜，他歪一邊的左傾身影剛好扶正。

「你來啦！」

「嗯！……」

我把家人支開，偌大的舊屋裡，師生對坐，茶煙裊升。一年半沒正式跟他講過話，幾次在建中校園巧遇，都是揮揮手、微微笑，擦身而過。

「模擬考順利嗎？……高三還好吧？……爸爸呢？……」他都沒及時答腔。欲言又止，口水吞了又嚥，左手反覆搓揉著右手、大腿，眼神游移。未幾，淚水奪眶而出，飲飲泣泣，開開闔闔。我未作一言，抽取幾張面紙給他。聲停，淚止。

「老師我不曉得該怎麼說？」

「你說說看。」

「高一暑假參加暑期營隊認識某某工專的女生，我非常喜歡她；寫了一個暑假的信給她，都像石沉大海，我非常喜歡她。不久，有人替她轉達，我對建中的沒興趣，叫我別再寫了。我不曉得問題出在哪裡？怎麼會這樣？我非常喜歡她。」

「她就是不喜歡嘛……」我說。

他忍不住眉頭又悲傷了起來，緊蹙不開，良久乃止。

「老師，這不是問題，早就沒有這個問題了。」

「噢……」建中怎麼有這麼愛哭的？

「暑假快結束的最後兩週，我們國中副班長辦同學會。我是班長，帶著榮耀負笈北上，是全校唯一讀建中的。副班長是女生，國中的時候，同學總是把我們倆連在一起。她人很好，她對我很好，我也對她很好，就是很純潔的那種投緣。那兩個星期，我們在家鄉的互動回到了從前，談得很投機……離開家鄉的前一晚，我們在一起了。」

「噢……」他說得概括、婉約，老夫有點不安。

「北上以後，我三天、兩天就給她一封信。」

「那很好啊！」

「很不好，很不好……」他又掉眼淚了。

「我把她當成『她』了，我虛擬了。我不應該……我不曉得怎麼辦啊？」

「有沒有怎麼樣？」我想知道得更多。

「就那樣……以後就沒了……」

「她沒說什麼？」

「她說，我會等你。」

「那你打算怎麼辦？」

「我就是不曉得該怎麼辦？我寫的信都是在編織美夢，以後要幹麼幹麼，以後我們要如何追求人生、追求理想。我心裡明白，我一直在畫大餅給她。我騙了她……」

思索了半晌，我接著語氣堅定地說：「我覺得你沒有騙她！我覺得你很有責任感！我覺得你是個男子漢！」

「老師，我也不知道是不是騙她？但我很害怕……」

「你是把『她』當成她了？還是把她當成『她』了？這一點你慢慢去釐清，很多事情需要時間來沉澱。」我比手畫腳，他舉足無措。

「現在，你先把功課顧好。其他的……等到發生了，再慢慢處理。老師會幫你，隨時可以來找我。穩住，放輕鬆，別跟自己過不去。」

「叮咚叮咚」，我的孩子回來了……

「噢，老師，那我先回去。」

「老師給你當靠山，一步一步處理。隨時跟我聯繫……」他的背影觳觫。

我們相互打了幾次電話，萬里晴空，平安無事，就沒再特別聯絡了。

期末，他同是教書的爸爸來找我，他的兒子要求老父每天來台北陪他過夜。

「他要我跟他一起睡。」爸爸很欣慰，因而每天搭中興號北上。

「會不會出了什麼問題，你不覺得嗎？」女友之事，我沒說。

「我也覺得怪怪的，大概是聯考的原因吧。我曾帶他看精神科，我妻舅那邊有精神耗弱的遺傳。」

「有這種遺傳？」疑問我放入心坎裡。

他爸爸每天一早起床，便跑步到塔城街，搭一個多小時的車回學校開早會。「就當作練身體……」他老爸自我調侃地說。

高三下，畢業前兩個月，他完全崩潰了，無法上學。

「建中的書有毒，建中的花有毒，建中到處都是毒。」

經過輔導室專案處理，讓他最後一個月在家休養。三年來，他在建中的一切都有毒，全部汰舊換新，課本到台灣書店買，制服重新訂購。

聯考考完後，他堅決不繳交志願卡，輔導老師要我勸勸他。「你可以上中山醫科，要交卡啊！」我拍拍他的肩膀。

「不，這樣她就知道我沒考上台大醫科。」他嚴正地說。

「你沒填志願，沒交卡，將來在報紙上什麼都看不到！」

「不行不行……」

最後，志願卡沒遞出，榜單上自然沒有他的名字。他老爸賣掉房子，帶他回老家去了。

他的父親沒來跟我道別，其心痛可想而知，從此音信全無。雁鳥不飛雁回峰。

某日上午，接近十一點，我故意到醫院掛號，十一點半的時候，他穿著白袍又驚又喜又疑地衝了出來。我是最後一號，他要拉我進問診室，我拉他到牆角。微指著護士，瞬目示意。

「我們站著說，我專程來認你，掛號費買你的時間，哈哈！」

「老師，你怎麼來了？你怎麼知道我在這裡？你還在建中嗎？」

眼前的他依然靦腆，成熟不少，笑容多了，換他連珠炮地問。老夫答跟不上問。

「都沒你消息？湊巧公車上看到跑馬燈在跑……我猜是你。都不來看老師，老師不能永遠健在呢。」

「第二年再上醫學系，我就一直忙到現在。對不起，對不起……」

「結婚了嗎？年紀不小了……」

「沒！」

「還想那個工專的？」

「沒有，早就沒有了。」

「副班長呢？」

「也還沒結婚！」

「為什麼？」

「她說等我。」

「你覺得呢？」

「大概明年底結婚。」

「喔！恭喜恭喜！」

「一定請老師喝喜酒。」

「不！老夫要證婚。」

「真的！那真的太好了。」

「原來你是把『她』當作她了！」我大笑。「那位工專的救了你們的姻緣！」他聽了也大笑。

「好好做第一流的醫生。」他緊抿著嘴，點點頭。

「要用最大的愛心對待病人。」他的眼神很堅定。

「老師我會，老師一定！」

「幫助病人就是幫助你自己。」

「謝謝老師。」

「老師，我們約個時間，我把她帶上來，見證婚人！」

「那好！」

他握緊我雙手，頻頻點頭，我把抽取的號碼紙放進口袋。臨去前，我再瞅了牆上一眼，大大的幾個字：精神科二診。

一叟小語

因為個人情感歷程的挫敗，深受精神耗弱困擾的學生，當他有機會拿起聽筒杏林春暖時，毫不猶豫選擇了精神科，藉以回憶自己的痛，拯救別人的苦。這種哪裡跌倒，就往哪裡重生的意志，正是懸壺濟世的奉獻精神。良性循環的責任與肩膀，我看到了生生不息的人間大願。我們可以想像他會是一個多麼投入工作、多麼理解病患的良醫；他又會是一位視人猶己、痌瘝在抱、將心比心的好醫生。

曾經把「她」當成她或把她當成「她」的心路歷程，只有這位精神科醫生自己知道，最後的結果把「工專大美女」當成「賢淑副班長」，是我們樂於見到的。天下事無妙不在、無奇不有，人生的軌道沒有固定的捷徑，也沒有必然的故事。生命的舵，最後要自己慎重掌握，生命的篙要自己長竿撐起。人生雖沒有想像中容易，只要做得成自己的主宰，自然也沒有想像中艱難。精神科二診，他的聽筒應該聽出了救人的價值，也聽出了救世的遠音。

相信我就能及格

〔他的為人像畫建築藍圖一樣，不打折扣，嚴守分寸。〕

「相信我就能及格」，建中老學長都知道這位先生。不管你在建中曾經發生過什麼事，只要他教過你，老夫相信你一定忘不了他。豁達一點的，甚至會崇拜他！

建中第七任黃校長曾經當著所有家長面說：「我敢打包票，建中工藝老師是第一流的！」黃校長可不是滅火，他是信誓旦旦地講，在有工藝課的年代，我真的很佩服這一群師長！上了講台沒人打混，其中相信我就能及格的這位老師，正是典範，他確實會當人，而且會當很多作業做不好或不做的人，這是真的。

二十幾年前，高中有一門課叫做工藝課。每一次開家長會，英數理化等科目，家長不怎麼焦慮，大家最憂心忡忡的是「工藝課」。忙著打聽工藝老師是誰？大家都怕碰到相信我就能及格老師。他已做古多年，我不「報喜不報憂」，蓋棺論定，泡碗茶，今晚我們來讀一段——「台灣近代工藝教育發展史」的不朽師長。

歲月如流，新的紅樓才子已經聽不到這個傳奇師長的故事了，仍在任上的師長知道的也是屈指可數。老夫憑良心講，人之將死，其言也善，我不瞎說。

「你兒子工藝是誰教的？」

「好像很嚴格呢！」

「不錯了啦！我兒子班就是『要相信他』那一個啦！」

新生訓練，校長先打預防針，在大禮堂義正嚴辭地說，建中每一科都是主科、都重要。「相信我就能及格」老師，上課絕不打馬虎眼。他上台認真教書，沒一句閒話，他自我要求很高，言行舉止，正義凜然，一板一眼。他打的成績，學校沒人敢有意見，校長、教務完全尊重專業，這就是建中精神。

上課鐘聲一響，他就從教室外走進來，一秒都不怠慢，一臉嚴峻，不苟言笑。走起路來，雄赳赳，氣昂昂，連胳膊都英挺得很，威武英拔，像個大將軍的模樣。辦公室老師們對他都有幾分敬畏，好像也怕被他當掉一樣。他在建中很久了，駝客們如臨深淵，如履薄冰，滄桑得很。有些班級上學期一當就是一半，毫不客氣。不及格就是不及格，沒什麼話說。問天？問地？有人答曰：「天命！天命不可違也。」一悲觀的，甚至怪罪祖宗三代無德（有人週記這麼寫過）。雖然還有補考機會，過得了的卻寥寥無幾。相信我就能及格老師補考試題，往往是十題問答題或計算題。能對個幾題就是極品了，這是紅樓傳說中十分悲涼的真實故事。

日前登紅樓二樓校史室瀏覽，獨缺「相信我就能及格」老師的史料。趁我還在，補壁補壁，他雖然進不了名人堂，有建中一叟就行。司馬遷為真理而戰、為正義發聲，忍辱負重完成「究天人之際，通古今之變」的千古巨著。我也是說真話。

稟承這個精神，老夫要很勇敢的向「相信我就能及格」老師致敬！同時要向所有認真教學的退休工藝老師行大禮。有的人工藝被他當過，有的人被他當過兩次，有的人兄弟前仆後倒，一起陣亡。別難過，還有的整個家族宗族，一門壯烈。

最經典的是兩名兄弟，哥哥先被當，弟弟後遭殃。他倆有個好爸爸，是台北市赫赫有名的建築師。哥哥不小心，一時失察，建築藍圖沒畫好，工藝不及格。

輪到弟弟上陣後，小心翼翼，於是爸爸使出絕活——代子出征。一筆一畫毫不馬虎，自信完美，「孩子不要怕，爸爸畫給你。」這位建爸想裡子面子一起討回來，結果「相信我就能及格」老師用尺顯微丈量，還是沒達到標準，讓建築界起了很大的震撼。不及格就是不及格！沒話好說，他要的是「態度」。

其實，更早期他還有期末考「鋸木頭」測驗，那才是險象環生。一支鋸子，一塊木頭，讓你現場操作。鋸不斷，不及格，那是一定的；鋸得歪七扭八，不用說，當了；鋸到一半，鋸子卡住了，命運也一樣，十分悽慘。

很多家長不諒解：「工藝課幹麼這樣？」

「建中是正派經營，誰來當家都一樣。」

很多駝客很不爽：「工藝課需要這樣嗎？」

「建中是照表操課，每一科都創造價值。」

他曾這麼說：「我要你崇高自己的態度。」「相信我就能及格」老師以工藝教做人，其實他的為人像畫建築藍圖一樣，不打折扣，嚴守分寸。他要的是紅樓才子負責盡分，凡事講究最高品格。

在那個年代，國中工藝課可能有時候會被挪去加強其他課程。建中工藝課有它的生命藍圖，上一堂工藝課，就是一堂人生。「相信我就能及格」老師，他相信他自己。紅樓才子要問的是，你有沒有超越自己？

後來，在國語實小和建中之間的老舊宿舍起了一場無名火，「相信我就能及格」老師眼睜睜地吃驚猝死，識其人知其志者都十分痛惜。

相信自己，堅持人格，這樣就真的不會怨懟「相信我就能及格」老師；態度踏實，自我實現，你會發現「相信我就能及格」老師，是最直接的典範。

「相信我」，才子你的人品德性就能及格了！
「相信自己」，你的工藝課就沒有白「當」了！

一叟小語

黑板講台是個小舞台，百年樹人並不卑微；粉筆人生是個小角色，全心奉獻就是精采。自反而縮，雖千萬人吾往矣的「相信我就能及格」老師，望之儼然即之也儼然。嚴則嚴矣，他每一個言行都對得起天地良心，他每一個舉措都是教育家的巍巍姿勢，其節如竹，其介如石，其清如松。每一位教育工作者能如此發光發亮，就能盡善盡美，就是不折不扣的教育家。教育家只有偉大，不分大小。

為人師表鐸聲化育，嚴管勤教是本分。有的老師靠周密有效的教室管理，帶好了學生；有的老師靠循循善誘的苦口婆心，帶出了信任；有的老師靠教學專業的具體績效，帶出好口碑；有的人靠翩翩風采，贏得了掌聲。戲法人人會變，各有巧妙不同，殊途同歸，萬化一流，都是教師的教學成就。杏壇講席能遍地開花，麈尾春風能推己及人，還有第一等的教化魔術，那就是以身作則，它是教育這條江不捨晝夜、生生不息的奔騰力。

足以「金石貞固，永記年年」的形象，離我們並不遠，「相信我就能及格」老師就是典範。當你佇立在斑剝的紅樓展書苦讀時，你會感覺到——有一縷古風在長廊盡處，杳香如故。

“

聘書

【看紅樓風景，這一塊小小的石頭，不能略過。】

赫赫黌宇，髦士三千。薰陶入座，恐後爭先。
大而化之，賀公是瞻。金石貞固，永記年年。

在巍巍紅樓的左下方，有一塊斑剝不起眼的大理石，短短三十二字，算是立了碑、泐了功，它是紀念開建中自由學風之先的賀校長。悠閒的時候，我常常駐足其下，打從心裡十分尊敬他。那時候，聽說教育部很多長官都是賀翊新先生的學生。

建中校規和教育部法令稍有牴觸時，建中的精神優先。聘老師這檔事，他為校舉才，無私無我，禮聘最優質的良師為唯一原則。偉大有很多種，不朽不只是用說的，而是銘記這位傳奇人物——建中永遠的賀校長。

在自由民主的學風下，追求卓越——聘書就這樣訂下了規矩。

來建中之前，在一所難忘的私立學校任教。校風好，師生關係佳，同仁也處得很愉快，福利好得不得了，中午還有熱騰騰的午餐吃。有這麼好的學校，老夫原本打算終老於此，奉獻一生。

第二年，五月天發續聘，祕書電話通知，中午到校長室領聘書。所有老師排成一排，蜿蜿蜒蜒，雖然場景有點像傳說中人民公社的吃飯路隊，然而這樣領一年飯票，心情總是愉悅的，大家有說有笑，陽光格外燦爛，耐心等著校長堆著笑容，滿面春風的說一句：「謝謝您！」然後熱情地握你一下手，也算美事一樁。

記得我排第五個，輪到老夫的時候，我英挺的站著，等著校長的和藹可親。「陳老師謝謝您，張老師麻煩您了，李老師，學生很喜歡您呢……」

「咦？林老師……怎麼沒找到你的？」哇，大事不妙！

「……」我的肝和膽太靠近，沒保持距離，撞了一大下，差點崩裂。

「沒關係，我再找找看。」心臟也受到波及，左心房快速地往外蹦蹦跳。

老師們的笑聲赫然停止，耳語很快。

「那林老師，不然，你先站這一邊。我先發其他老師的聘書。」我的天啊！

校長詭異地自顧自的說：「看看等一下聘書會不會自己跑出來？」

校長沒有笑容的聲音，清楚到不行！（你不讓它跑，它怎麼跑得出來？）

「……會不會跑出來？……」隊伍裡有人低語，女老師們淒淒楚楚。

「林×進完了……我看是沒聘書了，沒了沒了……」我耳邊傳來老孟低沉的嗓音。

騷動，驚悚，悲壯，同情，是眼前空氣的元素。「回去種田好了。」小段戲謔我，咬我耳朵，做個鬼臉。太陽光並不強，我的汗水都快從褲管流洩而出。

一個一個領走，一個一個下樓，我不算，還有三名老師在等。忽然間，校長大人打了一下他的昏頭，給我一個詼諧的笑容，是難忘而美妙的橋段。

「唉呀！祕書啊，在右邊第三個抽屜，我想起來了。林老師的趕快……」

感謝上蒼，這一所令人懷念的天主教中學，又賞了一口飯吃。

那一年，真正沒續聘的只有一位，事先已接到通知，所以沒上樓。

比起這一樁「聘書危機」讓人驚悚難消，同樣令人難忘的，則是令人感動的前任校長，他發聘書的方式藝術絕倫。

這位了不起的神父，每天總是早上六點半就坐在校門口看報紙，同時也一個個跟學生打招呼，學生一走進校門，他立刻頷首揮手。說了很難相信，沒多久，很多學生的名字，他都叫得出來。

他總是選定五月下旬的晚上發聘書，開著一部裕隆速利一千二的破轎車，出發，匡朗匡朗地在大街小巷到處跑，事先已逐一與同仁相約，他將挨家挨戶拜訪每一個人。

「叮咚！叮咚！」單校長到老夫家按門鈴。

「校長好！」

「林老師好。」手上還提了喜年來蛋捲。

「校長請進來坐坐，喝茶喝茶……」

「不了！謝謝你過去一年的辛勞，這一年還要再麻煩你了。」

一個純良的慈顏，一雙溫和緊握的手，真誠的眼神和赤誠的心留下。

「謝謝！」

「再見！」

噙著喜悅，我望著那一部兩光車輕駛離去。聘書格外溫暖，車影格外朦朧。蛋捲很快吃完，蛋捲桶子我捨不得丟，保存三十幾年了，現在更不會丟了。

紅樓才子們，走過穿堂，你應該多看幾眼，那塊大理石雖然灰暗褪色，但是十分搶眼！建中駝客們，看紅樓風景，這一塊小小的石頭，不能略過。那叫做爭氣，那叫做器識，那叫做不朽，那叫做偉大，那叫做頂天立地，是用智慧換來的，是大器換來的，是無私換來的，是奉獻換來的，是大夥兒心悅誠服砌上去的。

大而化之謂之聖，他不隨便。瞻仰完前面矗立的政治銅像，加快腳步火速到他的跟前來，牢牢記住紀念賀校長的三十二字心法，是這個人讓紅樓精神始終不墜，膽子大一點，做個紅樓夢。

拍拍胸脯，你說：「下一回立上的紀功碑，是我！」

一叟小語

一張聘書，實質一點說，就是一紙合約，一張飯票，一年高枕無憂的柴米油鹽醬醋茶；一紙尊重，理想一點看，就是一片丹心，一架尊貴，一顆熱騰騰赤心若石的期許。實際很現實，不曰名、不曰利，憧憧往來，究竟所為何來？現實很實際，浮沉一生，要生活，要理想，讀書人的底線莫非尊嚴二字。

聘書，有輕於鴻毛的依靠，有重於泰山的清調。同樣是一張蓋了官印的硬紙板，有的價值連城，有的俗不可耐。聘書的價值，一切要看給聘的人是禮賢下士，還是率爾擲交。孟老夫子的話言猶在耳：「嘑爾而與之，行道之人弗受；蹴爾而與之，乞人不屑也。」自尊是一種智慧，尊重是一種能力。人與人之間的倫常價值不在分貴賤優劣，上下高低是在以身作則的尊重中取得平衡。上使下以禮，下事上以忠，這是相對待的。

聘書若有尊重的元素，教育的力量自然如源泉滾滾，生生不息。受聘若不自我尊重，那就失去要求尊貴的立場了。

國家圖書館出版品預行編目資料

學生 / 林明進著.-- 初版. -- 臺北市 : 麥田出版 : 家庭傳媒城邦分公司發行, 2014.01
面； 公分. -- (林明進作品集 ; 2)

ISBN 978-986-344-038-3(平裝)

191.9　　102025489

林明進作品集 2

學生

作　　者	林明進
責任編輯	賴雯琪　江麗綿
責任編輯	吳淑芳　黃月華　林居正
副總編輯	林秀梅
編輯總監	劉麗真
總 經 理	陳逸瑛
發 行 人	涂玉雲
出　　版	麥田出版 104台北市民生東路二段141號5樓 電話：(886)2-2500-7696　傳真：(886)2-2500-1967
發　　行	英屬蓋曼群島商家庭傳媒股份有限公司城邦分公司 104台北市民生東路二段141號11樓 書虫客服服務專線：(886)2-2500-7718、2500-7719 24小時傳真服務：(886)2-2500-1990、2500-1991 服務時間：週一至週五09:30-12:00・13:30-17:00 郵撥帳號：19863813　戶名：書虫股份有限公司 讀者服務信箱E-mail：service@readingclub.com.tw 麥田部落格：http://blog.pixnet.net/rye¬eld 麥田出版Facebook：https://www.facebook.com/RyeField.Cite/
香港發行所	城邦（香港）出版集團有限公司 香港灣仔駱克道193號東超商業中心1樓 電話：(852) 2508-6231　傳真：(852) 2578-9337 E-mail：hkcite@biznetvigator.com
馬新發行所	城邦（馬新）出版集團【Cite(M) Sdn. Bhd. (458372U)】 41, Jalan Radin Anum, Bandar Baru Sri Petaling, 57000 Kuala Lumpur, Malaysia. 電話：(603)9057-8822 傳真：(603)9057-6622 E-mail：cite@cite.com.my
設　　計	許晉維
版面設計	江宜蔚
電腦排版	宸遠彩藝有限公司
印　　刷	沐春行銷創意有限公司
初版一刷	2014 年 1 月 15 日
初版廿三刷	2020 年 8 月 24 日

定價／280 元
ISBN：978-986-344-038-3